"十四五"航空运输类空中乘务专业系列教材

Passenger Transportation for Civil Aviation

(2nd Edition)

民航旅客运输

（第2版）

主　编/陆　东
主　审/孙　群

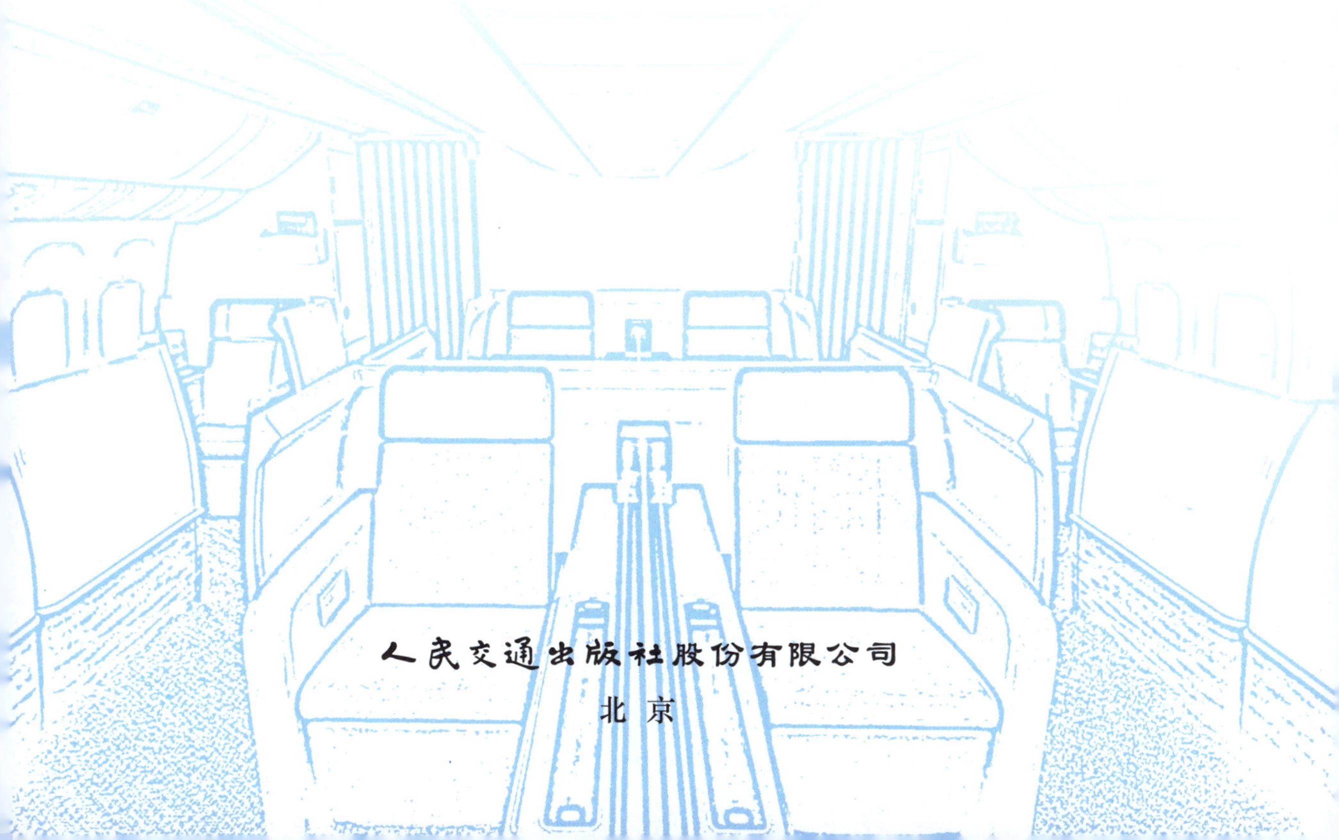

人民交通出版社股份有限公司
北京

内 容 提 要

本书为“‘十四五’航空运输类空中乘务专业系列教材”之一，全书内容分为四部分：第一部分为民航概论与民航运输基础知识；第二部分为民航旅客运价与客票基础知识；第三部分为国际旅行证件；第四部分为行李运输与旅客运送。本教材不过分追求知识结构的完整性与严密性，但很好地体现出了针对性与实用性的特点，内容贴近空中乘务专业的所学所需，以帮助空中乘务专业以及相关专业学生更好地掌握关于民航旅客运输的相关知识。

本书可作为高等院校空中乘务、民航运输等相关专业的教学用书，也可供民航相关岗位培训使用。

图书在版编目（CIP）数据

民航旅客运输/陆东主编.—2版.—北京:人民交通出版社股份有限公司,2020.12

ISBN 978-7-114-16938-0

Ⅰ.①民… Ⅱ.①陆… Ⅲ.①民用航空—旅客运输—职业教育—教材 Ⅳ.①F560.83

中国版本图书馆CIP数据核字（2020）第224679号

审图号：GS（2020）5478号

Minhang Lüke Yunshu

书　　名：**民航旅客运输**（第2版）

著 作 者：陆　东

责任编辑：吴燕伶　李学会

责任校对：刘　芹

责任印制：刘高彤

出版发行：人民交通出版社股份有限公司

地　　址：（100011）北京市朝阳区安定门外外馆斜街3号

网　　址：http://www.ccpcl.com.cn

销售电话：（010）59757973

总 经 销：人民交通出版社股份有限公司发行部

经　　销：各地新华书店

印　　刷：北京市密东印刷有限公司

开　　本：787×1092　1/16

印　　张：12.75

字　　数：287千

版　　次：2016年2月　第1版
2020年12月　第2版

印　　次：2024年1月　第2版　第4次印刷　累计第7次印刷

书　　号：ISBN 978-7-114-16938-0

定　　价：40.00元

第2版前言

中国民航跨入21世纪后，在国家经济增长的大背景下进入了快速发展时期，我国民航运输量成为全球民航运输量增长最快的国家之一，旅客运输量居世界第二，已经跻身世界民航大国的行列。但与此同时，民航对各类岗位人员的业务能力也提出了更高的要求。

民航空中乘务岗位有其特殊性，完成一次航班飞行任务，除了需要掌握空中乘务专业知识与技能外，每天还要接触到不同旅行经历的旅客，会面临回答旅客关于飞行、乘机、行李运输、机票信息以及退改签等各类问题。虽然难度不大，但涉及知识面广，如果不能全面系统地掌握对应的知识，就会对飞行中的服务工作带来一定的负面影响，提高服务质量更无从谈起。

而现有的《民航旅客运输》教材，少有完全针对空中乘务专业来编写，一般用民航运输或者民航商务专业的教材来代替，教材内容重点不突出、针对性不强，所以编写一本内容紧贴空中乘务专业教学所需、语言浅显易懂、呈现形式多样、内容针对性强的教材显得尤为迫切。本次再版，增加和更新了行业内变化的内容，如航空公司品牌运价、旅客机组携带物品规定及旅客乘机证件等多方面内容，也调整了一些数据与案例，力求使读者掌握行业最新的变化动态，以期与行业操作无缝衔接。

本教材在编写中，力求突出以下特点：

（1）内容新，民航最新规定与变化均在教材中有呈现；

（2）内容全、图片多，基本涵盖空中乘务岗位所涉及的民航旅客运输的所有内容，教材中有近百张图片，增强了知识点的直观性；

（3）重点突出、针对性强，突出空中乘务岗位所需的知识，减少专业岗位（如值机、售票等）中民航旅客的相关知识；

（4）知识点之间有引入和延伸，每一节均由案例导入，突出任务引领的特点，同时还设有小知识或小链接，以对知识点做进一步的拓展。

为便于教学，本教材配备了教学课件和相关教辅资料，选用此教材的教师可来电来函索要（E-mail：wuyanling@ccpress.com.cn 电话：010-85285995）。

本教材由上海民航职业技术学院陆东担任主编，上海民航职业技术学院孙群担任本书的主审，其他参与编写的人员有王继华（第四章）、曲倩倩（第四章）。同时东方航空股份有限公司乘务培训部的专家为这次教材编写提供了大量的素材，在此一并表示感谢！

由于编写匆忙以及水平有限，必然存在许多问题与不足，敬请各位同行与专家批评指正，以期待进一步的完善与改进。

编　者

2020年5月

第1版前言

中国民航跨入21世纪后，在国家经济增长的大背景下进入了快速发展时期。我国成为全球民航运输量增长最快的国家之一，旅客运输量居世界第二，已经跻身世界民航大国的行列。但与此同时，民航对各类岗位人员的业务能力也提出了更高的要求。

民航空中乘务岗位有其特殊性，完成一次航班飞行任务，除了需要掌握空中乘务专业知识与技能外，每天还要接触到不同旅行经历的旅客，会面临回答旅客关于飞行、乘机、行李运输、机票信息以及退改签等各类问题。虽然难度不大，但涉及知识面广，如果不能全面系统地掌握对应的知识，就会对飞行中的服务工作带来一定的负面影响，提高服务质量更无从谈起。

而现有的《民航旅客运输》教材，少有完全针对空中乘务专业来编写，一般用民航运输或者民航商务专业的教材来代替，教材内容重点不突出、针对性不强，所以编写一本内容紧贴空中乘务专业教学所需、语言浅显易懂、呈现形式多样、内容针对性强的教材显得尤为迫切。

本教材在编写中，力求突出以下特点：

（1）内容新，民航最新规定与变化均在教材中有呈现；

（2）内容全、图片多，基本涵盖空中乘务岗位所涉及的民航旅客运输的所有内容，教材中有近百张图片，增强了知识点的直观性；

（3）重点突出、针对性强，突出空中乘务岗位所需的知识，减少专业岗位（如值机、售票等）中民航旅客的相关知识；

（4）知识点之间有引入和延伸，每一节均由案例导入，突出任务引领的特点，同时还设有小知识或小链接，以对知识点做进一步的拓展。

为便于教学，本书配备了教学课件和相关教辅资料，选用此书的教师可来电来函索要（E-mail: wuyanling@ccpress.com.cn　电话：010-85285995）。

本教材由上海民航职业技术学院陆东担任主编，其他参与编写的人员有王继华（第三章）、曲倩倩（第四章），上海民航职业技术学院孙群担任本书的主审。同时东方航空股份有限公司乘务培训部的专家为这次教材编写提供了大量的素材，在此一并表示感谢！

由于编写时间以及编者水平有限，必然存在许多问题与不足，敬请各位同行与专家批评指正，以期待进一步的完善与改进。

编　者

2016年1月

目 录

第一章

民航概论

第一节 民航发展史

引例 奇迹发生在1903年12月17日！

1903年，人类飞上天空。这天清晨，美国北卡罗来纳州的基蒂霍克还在沉睡，天气寒冷，刮着大风，空旷的沙滩上静静地停放着一个带着巨大双翼的怪家伙，这就是人类历史上第一架飞机——“飞行者一号”（图1-1）。空旷的场地上冷冷清清，到现场观看的只有5个人。10时35分，一切准备就绪。为了能够率先登机试飞，威尔伯·莱特和奥维尔·莱特兄弟俩决定以掷硬币的方式确定谁先登机，结果弟弟奥维尔赢了。

图1-1 飞行者一号

奥维尔爬上“飞行者一号”的下机翼，俯卧于操纵杆后面的位置上，手中紧紧握着木制操纵杆，威尔伯则开动发动机并推动它滑行。飞机在发动机的作用下先是剧烈震动，几秒钟后便在自身动力的推动下从“斩魔丘”上缓缓滑下。在飞机达到一定速度后，威尔伯松开手中紧握的木操纵杆，飞机像小鸟一样离地飞上了天空。虽然“飞行者一号”飞得很不平稳，甚至有点跌跌撞撞，但是它毕竟在空中飞行了12s共36.5m，才落在沙滩上。接着，他们又轮换着进行了3次飞行。在当天的最后一次飞行中，威尔伯在30km/h的风速下，用59s飞了260m。人们梦寐以求的载人空中持续动力飞行终于成功了！不幸的是，几分钟后，一阵突然刮来的狂风把“飞行者一号”掀翻了，飞机严重损坏，但它已经完成了历史使命。人类动力航空史就此拉开了帷幕。

一、世界民航发展简史

人类向往飞行的梦想一直伴随着整个人类的历史。最初人类因飞鸟的启示而向往升空飞翔，但由于技术不发达，飞行的理想得不到实现，于是人类便以宗教和神话为寄托，使世上出现了许多美妙神话和动人传说。

中国古代在飞行技艺方面的发明和创造相当丰富，如竹蜻蜓、木鸟、风筝、孔明灯以及火箭等。风筝和竹蜻蜓可以说是人类最早的人造飞行器，而孔明灯则是人类最早的热气球，这些发明曾对欧洲航空产生了很大的影响。

真正开始进行航空科学研究的人是意大利科学家达•芬奇。他研究了鸟的飞行原理，得出了许多关于飞行的正确认识，还设计了扑翼机、降落伞和直升机等。

1783年，法国的蒙哥尔费兄弟研制的热气球成功载人升空。同年出现了氢气球，随后德国人就用气球运送邮件和旅客，这可以说是民用航空（一般简称民航）的开始。1852年，法国的吉法尔成功地进行了载人飞艇（图1-2）飞行。此后的一段时间内，轻于空气的飞行器成了航空发展的主流。

图1-2　载人飞艇

由于缺乏航空技术理论的指导，重于空气的飞行器发展十分缓慢。19世纪的航空发展主要在四个方面进行探索：一是气球与飞艇研制；二是滑翔机研制与试验；三是动力飞机试制；四是空气动力学研究。当时最为活跃的动力飞机研制主要集中在法国，阿代尔正是法国在这一领域的主要代表人物之一，飞机这个词就是他发明的。进入19世纪后期，滑翔飞行异常活跃，德国工程师奥托•李林塔尔是其中的代表人物，并为此献出生命。美国的兰利以其丰富的理论知识，研制并成功地试验了模型飞机，他研制的全尺寸飞机也接近于成功。

1903年12月17日，在广泛吸收前人的成果并结合自己研究的基础上，美国莱特兄弟制造的“飞行者一号”飞机腾空而起，飞行时间为12s，飞行距离为36.5m，人类历史上第一架靠动力推进、可持续平飞、重于空气的载人飞行器——飞机终于诞生，航空新纪元开始了。

1909年7月25日，法国布莱里奥驾驶他设计的单翼机首次飞越英吉利海峡，飞机第一次成为实际使用的运输工具。

1914年1月1日，世界第一条民航客机定期航线在美国开始运营，航线距离为35km。

1919年是各国开创民航运输的一年。英、法、德分别建立空运业务，美国邮政局也开辟了美国横贯大陆的第一批邮政航班。同年签署的《巴黎公约》是世界上第一部国家间的航空法。

1933年2月8日，波音公司的一架B247原型机搭载着10名旅客在华盛顿州的西雅图进行了首次试飞，它是第一架真正具有现代意义的客机（图1-3）。与此同时，道格拉斯飞行器公司生产的DC-3型飞机是航空史上最有影响的运输机。波音B247和道格拉斯DC-3型飞机为现代运输机奠定了基础,为后来的民航客机发展建立了新的标准。它们的出现,使航空运输发生了巨大的变化,使航空运输同铁路运输、公路运输和水上运输一样,成为一种正规的运输方式。

图1-3 第一架客机

1939年,第二次世界大战开始。6年的战争使航空技术取得了飞跃的发展,其中最为重要的是大战后期喷气推进技术的诞生和初步发展,它的出现改变了整个航空技术的面貌,并推动了战后民航运输的革命。

1945—1958年,民航经历了恢复和大发展的时期。

1944年12月7日，52个国家在美国芝加哥举行会议,签署了《国际民用航空公约》(又称《芝加哥公约》),这个公约成为现在世界国际航空法的基础。根据公约的规定，1947年4月4日正式成立了国际民用航空组织(International Civil Aviation Organization，ICAO)。从此在世界范围内有了统一的民航管理和协调机构,各个国家随即建立起相应的民航主管当局,代表政府参加这一国际组织,民航从此变成了有统一规章制度的世界范围的行业。

1956年,苏联的图-104投入航线，1958年,美国的波音B707(图1-4)和道格拉斯DC-8进入航线,标志着喷气航空新时代的开始。

图1-4 波音B707

20世纪70年代之后，民航继续朝着大型化和高速度的方向发展。1970年，波音B747（图1-5）宽体客机投入航线是大型化的一个重要标志，而空中客车公司于2007年研制成功的载客达555人的双层巨型机A380（图1-6）打破了波音B747在巨型客机上长达30多年的垄断。

图1-5 波音B747

图1-6 空中客车A380

1978年美国实行的《航空公司放松管制法》在改革航空运输管理体制上起了重要作用，后来又扩展到了西欧、日本等地区，使得民航市场迅速全球化。随着经济全球化和航空自由化进程的加快，在世界范围内，大航空公司跨国联合组成航空联盟，通过代码共享、开放天空来争夺世界市场中的更大份额，对世界经济或国家的经济发展都有着举足轻重的影响。

当今，民航虽然会受恐怖袭击、战争、油价攀升、全球经济衰退及疫情等各方面影响，遇到一些困难和挑战，但民航作为一个巨大的国际性行业，其发展目标仍将集中在研制新型民用航空器、减少环境污染、改善航空公司服务、降低运营成本、保证旅客的舒适安全、加强飞行安全、防止恐怖袭击等诸多方面，民航必然会迎来一个更繁荣发展的阶段。

二、中国民航发展简史

中国是有五千年文明历史的国家，古代发明和创造的风筝、火箭、孔明灯、竹蜻蜓等飞行器械，被认为是现代飞行器的雏形，对航空的产生起了重要作用。

中国的航空事业起步于19世纪的最后几年。1909年，旅美华侨冯如制成中国人的第一架飞机并试飞成功。1911年2月，冯如谢绝美国多方聘任，带着助手及两架飞机回到中国，却不幸在广州燕塘举行的一次飞行表演中失事殉职。

1916年，毕业于麻省理工学院航空工程专业的中国人王助，受聘成为波音公司第一任总工程师，成功设计出双浮筒双翼水上飞机。抗日战争期间，王助组建了中国航空研究院，成为我国近代航空工业主要奠基人之一。

1918年，北洋政府设立航空事务处，由其掌管全国军民航空事务。1920年4月开通的京沪线北京—天津段于7月1日正式开航，后因机场设备差和经费困难而停航。

1928年6月，国民政府交通部开始筹办民用航空，并开始与外国合资组建航空公司。1930年7月成立了中美合作的中国航空公司。1931年中德合作成立的欧亚航空公司，于1943年3月改组为中央航空公司。

抗日战争期间，为抗击国际法西斯侵略，在中国、印度、缅甸边境的“驼峰空运”中，中国航空公司曾运载了大量的战略物资,为取得抗日战争和国际反法西斯战争的胜利做出了贡献,培养和锻炼了一大批中国民航技术业务人员,壮大了中国民航的技术力量。

1949年新中国成立前夕,中国航空公司和中央航空公司迁到香港。同年11月9日,在中国共产党的直接领导下,中国航空公司总经理刘敬宜和中央航空公司总经理陈卓林带领发动了著名的"两航起义"(图1-7),率领12架飞机从香港飞到北京、天津,两家公司的2000多名员工也陆续起义。"两航起义"奠定了新中国民航事业的基础。

图1-7 机组合照

从新中国成立到1976年的27年间,我国民航事业大体上经历了三个发展阶段,即1950—1957年的初创时期、1958—1965年的调整时期和1966—1976年的动乱时期。

1949年11月,中央军委航空局成立,统管全国的航空事务。1950年8月1日,中国民航独立自主地经营定期航班,这是新中国成立后民航发展的起点。

1953年,民航成立了第一个飞行大队。1954年,民用航空局归国务院领导,更名为中国民用航空总局,在业务上从属于空军的领导,是一个半军事化的行业,主要服务于各项政治和军事目的。

1957年8月28日,周恩来总理在中国与缅甸通航一周年的总结报告中做出批示:"保证安全第一,改善服务工作,争取飞行正常"。这条重要批示从此被确立为中国民航的工作方针。

1971年10月,我国在联合国的合法权利得到恢复,同年11月国际民用航空组织通过决议,我国成为其常任理事国。

1980年,民航正式从由军队领导转为由政府领导,成为一个从事经济发展的业务部门,民航管理开始走上现代化的道路。

1980—1986年,民航按照走企业化道路的要求,进行了以经济核算制度和人事劳动制度为核心的一系列管理制度上的改革。

1987年开始,民航实施了以政企分开,管理局、航空公司、机场分设为主要内容的体制改革，把航空公司、机场和行政管理当局按照其自身性质政企分开，分别进行经营和管理，现代民航业架构基本形成。通过改革，1987—1992年分别设立了民航华北、华东、中南、西南、西北、东北六个地区管理局，组建了中国国际、东方、南方、北方、西南和西北六大骨干航空公司和若干分（子）公司，建成了北京首都国际机场、上海虹桥国际机场、广州白云国际机场、成都双流国际机场、西安咸阳国际机场和沈阳桃仙国际机场。

2002年起，我国民航开始进行以航空运输企业联合重组和机场属地化管理为主要内容的重大改革，形成了三个大型航空运输集团，即中国航空集团公司、中国东方航空集团公司和中国南方航空集团公司。另外成立了三大航空服务保障集团，即中国民航信息集团公司、中国航空油料集团公司和中国航空器材进出口集团公司（图1-8）。

中国航空集团公司　中国东方航空集团公司　中国南方航空集团公司

中国航信 TravelSky

中国民航信息集团公司　中国航空油料集团公司　中国航空器材进出口集团公司

图1-8　六大航空集团

现在，除首都机场集团公司管理的机场外，原中国民用航空总局直属的机场已经全部移交地方政府管理。

与此同时，民航行业管理部门也进行了机构和职能调整，从原三级行政管理改为“中国民用航空总局—地区管理局”两级行政管理。原省（区、市）局改为安全监督管理办公室，成为地区管理局的派出机构。

2005年，《国内投资民用航空业规定》正式发布施行，放宽了对所有权的限制，鼓励民营资本进入民航业。目前已有多家民营航空公司参与国内市场竞争，打破了由少数航空公司垄断的局面。

2008年，根据国务院新的机构改革方案，“中国民用航空总局”正式更名为“中国民用航空局”，隶属于交通运输部管理。

2009年，民航安全监督管理办公室提升为民航安全监督管理局，我国民航安全监管的三级新体制形成。

2005年开始，我国民航成为仅次于美国的全球第二大航空运输系统（图1-9）。随着全球航空联盟的快速发展，近几年，我国三大航空公司（国航、南航、东航）也陆续加入联盟，我国已成为名副其实的民航大国。

2005年，大陆的航空公司在中断56年后实现了

民航运输数据对比表

年度	旅客运输量	货物运输量
1950年	1.04万人次	767t
1978年	230.91万人次	6.4万t
2008年	1.9亿人次	407.6万t
2014年	3.92亿人次	594万t
2019年	6.6亿人次	753万t

图1-9　我国民航运输数据对比表

大陆与台湾地区之间的双向对飞。目前,大陆已有32个城市与台湾地区通航。

2010年8月,中国民用航空局提出全面推进建设民航强国的战略构想。民航强国具体表现在要有国际竞争力的大型网络型航空公司,布局合理的机场网络体系,安全高效的空中交通管理体系,安全、高效、经济的技术服务保障体系,功能完善的通用航空体系。

建设民航强国的战略目标分两步走。第一步(2010—2020年)为全面强化基础阶段,第二步(2020—2030年)为全面提升飞跃阶段。到2030年,全面建成世界公认的民航强国。

三、民航的基本概念

(一)民航的定义和分类

定义:使用各类航空器从事除了军事性质(包括国防、警察和海关)以外的所有的航空活动称为民用航空,简称民航。这个定义明确了民航是航空的一部分,同时以"使用"航空器界定了它和航空制造业的界限,用"非军事性质"表明了它和军事航空的不同。

民航一般分为两大部分:商业航空和通用航空。

商业航空也称为航空运输,指以航空器进行经营性的客货运输的航空活动。它的经营性表明这是一种商业活动,以盈利为目的。它又是运输活动,这种航空活动是交通运输的一个组成部门,与铁路、公路、水路和管道运输共同组成了国家的交通运输系统。

通用航空一般是指除航空公司定期航空运输以外的民用航空飞行,包含范围十分广泛,主要用于工业、农业、林业、渔业生产以及抢险救灾、医疗卫生、环境监测、科学实验、旅游体育等领域的飞行活动。

(二)民航的组成

从组织结构看,民航由三大部分组成。

1. 政府部门

民航业对安全的要求高,涉及国家主权和交往的事务多,要求迅速协调和统一调度,因而几乎各个国家都设立独立的政府机构来管理民航事务,我国民航事务由交通运输部中国民用航空局来负责管理。

2. 民航企业

民航企业是指从事和民航业有关的各类企业,其中最主要的是航空运输企业,即我们常说的航空公司,它们是民航业生产收入的主要来源。其他类型的民航企业如油料、航材、销售等,都是围绕着航空运输企业开展活动的。

3. 民航机场

机场是民航和整个社会的结合点,也是一个地区的公众服务设施。因此,机场既带有赢利的企业性质,同时也带有为地区公众服务的事业性质。

民航是一个庞大复杂的系统,其中有事业性的政府机构,有企业性质的航空公司,还有半企业性质的空港,各个部分协调运行才能保证民航事业的迅速发展。

第二节 民用航空器

引例　“协和号”之殇！

2000年7月25日，“协和号”（图1-10）客机（法国航空AF4590号班机）在进行起飞时碾过了跑道上另一架DC-10客机（美国大陆航空公司所属）脱落的小铁条，造成爆胎，而轮胎破片以超音速的速度击中机翼中的油箱。之后引发失火，导致飞机于起飞数分钟后即爆炸坠毁于机场附近的旅馆。这是“协和号”飞机服役期间唯一的一次失事，也是有史以来第一架超音速喷气式飞机失事，这场悲剧造成了113人丧命。

图1-10　协和号

“协和号”飞机于1969年首飞、1976年投入服务，主要用于执行从伦敦希思罗机场（英国航空）和巴黎戴高乐国际机场（法国航空）往返于纽约肯尼迪国际机场的跨大西洋定期航线。“协和号”飞机能够在15000m的高空以2.02倍音速巡航，从巴黎飞到纽约只需约3h20min，比普通民航客机节省超过一半时间，所以其虽然票价昂贵，但仍然深受商务旅客的欢迎。1996年2月7日，“协和号”飞机从伦敦飞抵纽约仅耗时2h52min59s，创下了航班飞行的最快纪录。

“协和号”飞机的机翼设计为三角翼，其特点为失速临界点高，飞行速度可以更快，且能有效降低超高速抖动时的问题。“协和号”飞机的四具引擎更配备了一般在战斗机上才看得到的后燃器（Olympus593，Rolls-Royce）。这架飞机还有个令人津津乐道的特点，即它会“变形”：其一是因为在2马赫[1]的飞行速度时，空气摩擦使其机体产生高热，因热胀冷缩效应，“协和号”飞机在飞行时最长会“变长”约24cm；其二是它的

[1] 1马赫=1126km/h。

可变式机鼻,在飞行时直直挺挺的如一根针,可高速切开空气,而在起降时,机鼻可以往下调5°~12°,以利于飞行员的视野(事实上由于有很多先进电脑导航仪器辅助,飞行员也不一定得看见跑道才能起降,这么做只是求个安心,不过庞大的机鼻角度调整设备却白白地浪费了飞机的宝贵重量与空间)。"协和号"飞机票价高昂,一张伦敦至纽约的来回票要价逾九千美元,亲自搭乘"协和号"飞机往返欧美大陆成为许多人自幼以来的梦想。飞机从欧洲地区到纽约的航程只需要不到三个半小时,且因为伦敦、纽约时差为四个小时,所以搭乘"协和号"飞机的旅客最喜欢说:我还没出发就已到达了。

此次失事促使飞机制造商重新改造机体设计,并修补了诸多缺失。甚至利用防弹衣(Kevlar)原料来保护油箱,以避免油箱遭到高速异物的穿刺。但由于整个失事过程都被民众用家用录影器材拍摄下来,造成了社会大众心理上的严重震撼。不论这架飞机以往声望有多高,仅仅一次的失事就让"协和号"飞机从此一蹶不振。虽然"协和号"飞机于2001年11月重新启航,但载客量一直都严重不足。因为航空公司亏损严重,"协和号"飞机终于在2003年退役。到2003年4月,尚有12架"协和号"飞机进行商业飞行。2003年10月24日,"协和号"飞机执行了最后一次飞行。

一、民用航空器的分类和要求

(一)航空器的分类

航空器是指能在大气层内进行可控飞行的飞行器。根据获得升力方式的不同,航空器一般分为两大类。一是轻于空气的航空器,它主要靠空气的浮力(空气静反作用力)升空,如飞艇、气球等,又称浮空器。气球和飞艇的主要区分在于气球上不装有动力。二是重于空气的航空器,它主要依靠自身与空气之间的相对运动产生的空气动力(气动反作用力)克服重力而升空,如飞机、直升机等。这类航空器又分为非动力驱动和动力驱动两类。非动力驱动的航空器有滑翔机(图1-11)和风筝;动力驱动的航空器分为飞机(图1-12,或称固定翼航空器)、旋翼航空器[旋翼机和直升机(图1-13)]和扑翼机三类。

图1-11 滑翔机

图1-12　飞机

图1-13　直升机

（二）民用飞机的分类

民用飞机分为用于商业飞行的航线飞机和用于通用航空的通用航空飞机两大类。

1. 航线飞机

航线飞机分为运送旅客的客机和专门运送货物的货机，以及由客机改装成的客货混装的运输飞机。

航线飞机按航程的远近可以分为远程飞机、中程飞机和短程飞机。按国际上的标准，航程在3000km以下为短程飞机，3000～8000km为中程飞机，8000km以上为远程飞机。

航线飞机按发动机种类，又可分为活塞式飞机和喷气式飞机。

按机身直径，客机可分为宽体客机（图1-14）和窄体客机（图1-15）。宽体客机的机身直径在3.75m以上，机内有两条通道。窄体客机直径在3.75m以内，机内只有一条通道。

我国也把客机分为干线客机和支线客机。干线客机指使用于国际航线及国内主要大城市之间主干航线上的客机；而支线客机指在大城市和中小城市之间一定区域内飞行的客机。

图1-14　宽体客机内部

图1-15　窄体客机内部

2. 通用航空飞机

通用航空飞机一般可分为公务机、农业用机、教练机、体育竞赛飞机、私人用飞机等。

(三)民用航空器的使用要求

(1)安全性:安全是航空运输的首要要求,保障飞行安全是民用航空整个系统的任务。目前飞机的事故率虽然已经降至汽车的1/20、火车的1/10,但安全问题始终是航空运输要处理的首要问题。

(2)舒适性:在激烈的航空运输市场竞争中,舒适性是重要的选择条件。目前,飞机在使用空间、座位的舒适性、饮食、娱乐及旅客服务上都做了周到的安排和考虑,给旅客一种住家的感觉,以便最大限度减少旅客压力。

(3)经济性:经济性是营业性飞机的主要要求。经济性不单单体现在耗油率上,而要考虑飞机在整个使用寿命期间的全部成本。

(4)环保性:主要是对排气污染和噪声的要求。发动机和飞机制造厂商通过各种途径努力减少排气污染和噪声,以减少飞机对环境的破坏。

(5)快速性:自从喷气客机在20世纪50年代进入航空运输业以来,大型客机的速度稳定在高亚音速范围，即800～1000km/h。目前，尽管超音速客机（协和号）的发展暂时遇到了挫折，展望未来，追求快速性的超音速飞行仍然是民航的发展趋势。

二、飞机的基本结构

飞机一般可以分为机身、机翼、尾翼、起落架、动力装置和仪表设备等几个大部分（图1-16），通常我们把机身、机翼、尾翼和起落架这几个构成飞机外部形状的部分又合称为机体。

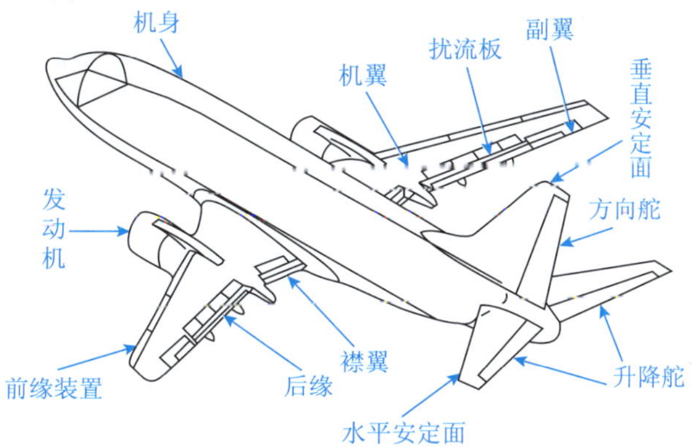

图1-16　飞机的基本结构

（一）机身

机身是飞机的主体部分，现代民航客机的机身呈筒状，是一个两头小、中间大的流线体。

驾驶舱位于机身最前段；机身中部是客舱或货舱，用来装载旅客、货物、燃油和设备；机身后部与尾翼相连。机身的大部分由直径相同的隔框组成，这样一方面可以使制造工艺简化，另一方面在改型时，可以方便地在机身中加入一段或减去一段，使同一型号的飞机可以进行多种改型。

（二）机翼

机翼的结构由翼梁和桁条作为纵向骨架，翼肋为横向骨架，整个骨架外面蒙上蒙皮。

机翼翼尖两点间的距离称为翼展。根据机翼在机身上安装的部位和形式，可以把飞机分为下单翼飞机、中单翼飞机和上单翼飞机，目前大部分民航客机都采用下单翼的形式。下单翼飞机的优点是机翼离地面近，起落架可以做短些，两个主起落架之间的距离也较宽，增加了降落的稳定性，同时发动机的维修工作也比较方便。

机翼的前缘和后缘加装着一些改善或控制飞机气动力性能的装置，如在机翼前缘安装有缝翼，在机翼后缘安装有襟翼和扰流板等。机翼内部的空间，除了安装机翼表面上的各种附加翼面的操纵装置外，还可作为油箱和起落架舱以及各种附加翼面的安放位置。

（三）尾翼

尾翼是飞机尾部的水平尾翼和垂直尾翼的统称，结构与机翼的结构相似。它的作用是保证飞机在三个轴方向上的稳定性和操纵性。

水平尾翼由固定的水平安定面和可以上下转动的升降舵组成。水平安定面的作用是保持飞机的纵向稳定,升降舵的运动则可以控制飞机向上抬头或向下低头运动。现代高速客机的水平尾翼往往做成可以整体运动的全动式尾翼,以提高纵向操作的效率。水平尾翼一般安装在机身上,但有些飞机为了避免发动机的喷气或延缓激波的产生,而将水平尾翼装在垂直尾翼的顶部。

垂直尾翼由固定的垂直安定面和可以左右转动的方向舵组成。方向舵控制飞行的航向。当飞机受到干扰偏离航向时,迎面气流就会对方向舵产生一个力,使飞机恢复到原来的航向。垂直尾翼有单垂尾、双垂尾和多垂尾等形式,但是现在的民航客机和小型飞机都采用单垂尾,这种形式结构简单,重量相对较轻。

(四)起落架

起落架的作用是在地面上支撑飞机并保证飞机在起降、滑跑时在地面上的移动。它除了承受飞机停放时的重力和运动时的动载荷外,还承受飞机着陆时的巨大冲击力,影响着飞机起降时的性能和安全。现代飞机的起落架一般包括起落架舱、收放装置、减震装置和制动装置几个部分。

为了减少空气阻力,现代航线飞机都采用可收放式起落架,起落架在飞行时收入在机身或机翼的起落架舱内。小型飞机由于速度不高,为了减轻重量,多采用固定的、不收起的起落架,不设起落架舱。

起落架的配置可分为前三点式和后三点式。前三点式指主起落架在后,机头下部装前起落架。后三点式则是主起落架在前,尾部装尾轮或后起落架。现代民航客机多采用稳定性较好的前三点式起落架(图1-17)。

图1-17　前三点式起落架

在大中型航线飞机上,由于飞机起飞重量大,普遍采用支柱式多轮起落架,如波音B757的主起落架由4个机轮构成一个轮式小车,而波音B777每个轮式小车上的机轮达到6个。轮子的数量取决于飞机的重量和机场跑道所能承受的载荷。重量越大的飞机机轮越多,如目前最大的民航客机空中客车A380的主起落架共有20个机轮。

(五)动力装置

动力装置是飞机的核心部分,是为飞机飞行提供动力的整个系统,包括发动机、螺旋桨、辅助动力装置及其他附件,其中最主要的部分是发动机。

航空发动机分为活塞式发动机和喷气式发动机两大类。目前，民航客机大多采用喷气式发动机，只有在小型、低速飞机上，由于经济性好和易于维护，活塞式发动机仍在使用。

1. 活塞式发动机

航空用的活塞式发动机主要是四冲程汽油内燃机，它的基本构件是汽缸、活塞、曲轴和连杆。活塞式发动机每进行一次循环，活塞往复两次，经历进气、压缩、工作以及排气四个冲程，因此也称其为往复式发动机。

活塞式发动机不能单独驱动飞机，它必须驱动螺旋桨才能使飞机运动，因而活塞式发动机和螺旋桨共同构成了飞机的推进系统。

2. 喷气式发动机

喷气式发动机最基本的形式是涡轮喷气发动机。它由进气道、压气机、燃烧室、涡轮和尾喷排气管几个主要部分组成。气体从进气道进入，经过旋转的压缩机被压缩。压缩后的气体在燃烧室点燃，气体膨胀冲击涡轮使涡轮转动，涡轮又带动压气机，燃烧的高温气体最后从尾喷管排出产生推力做功。涡轮喷气发动机的优点是重量轻、推力大，适于高速飞行，但因其油耗大、经济性差，目前在民航客机上已经很少使用，被在其基础上发展起来的涡轮风扇发动机、涡轮螺旋桨发动机和涡轮轴发动机取代。

3. 辅助动力装置

为了减少对地面(机场)供电设备的依赖，大中型飞机和大型直升机上都装有独立的小型动力装置，称为辅助动力装置(Auxiliary Power Unit， APU)。

APU的作用是向飞机独立提供电力和压缩空气，也有少量的APU可以向飞机提供附加推力。飞机在地面起飞前，由APU来启动主发动机，而不需要依靠地面电源车来发动飞机；飞机在地面时， APU提供电力和压缩空气，保证客舱和驾驶舱内的照明和空调运行，这样飞机在起飞时，发动机的功率便可以全部用于地面加速和爬升，改善了起飞性能；降落后，仍由APU提供电力照明和空调，使主发动机提早关闭，从而节约了燃油，降低了机场噪声。APU的核心部分是一个小型的涡轮发动机，一般装在机身最后段的尾椎之内(图1-18)。

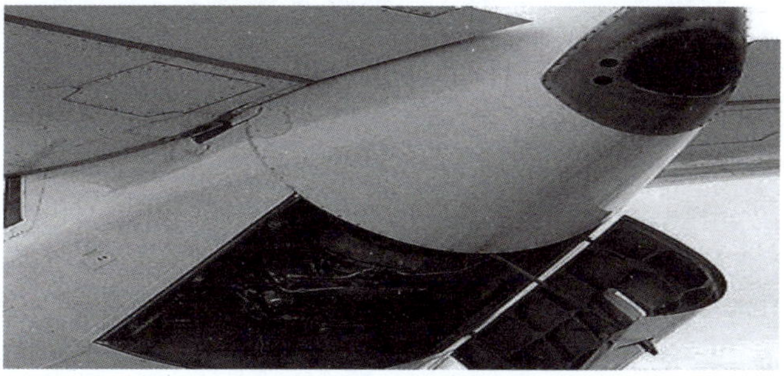

图1-18 辅助动力装置(APU)

三、飞机的其他主要部件及系统

1. 驾驶舱

驾驶舱(图1-19)是飞机的首脑元件，为飞机下令及控制的中心。驾驶舱的设计应尽量让驾驶员感到操控舒适,并包含所有用来飞行的先进导航及各项操控系统。

图1-19　驾驶舱

2. 飞行信息记录系统

飞行信息记录系统包括两个部分:一个是驾驶舱话音记录器,记录飞机上的各种通话和驾驶舱内的各种声音;另一个是数字飞行数据记录器,记录飞行时的各种参数。这些磁带记录器储存在一个耐热抗震的金属容器中,这就是通常所说的黑匣子(图1-20)。容器涂着国际通用的警告色——橘红色。

图1-20　黑匣子

为了承受飞机坠毁时的猛烈撞击和高温烈焰,黑匣子的外壳具有很厚的钢板和许多层绝热防冲击保护材料。黑匣子在1100℃的火焰中能经受30min的烧烤,能承受2t重的物体挤压5min,能够在海水中浸泡30d而不进水,并带有自动信号发生器和水下超大型定位标,可在失落30d内发射信号,以便搜寻人员寻找。黑匣子通常安装在飞机尾部最安全的部位,以保证飞机失事时不易受到损坏。飞行记录器主要用于事故分析和维修。

3. 电传操纵系统

电传操纵系统是将飞行员的操纵信号,经过变换器变成电信号,通过电缆直接传输到自主式舵机的一种系统。它去掉了传统的飞机操纵系统中布满飞机内部的从操纵杆到舵机之间的机械传动装置和液压管路。电传操纵系统的主要组成部分包括运动传感器、中央计算机、作动器和电源,它相当于动物的感觉器官、大脑和肌肉。

4. 电气系统

电气系统包括飞机飞行操纵、发动机控制、航空电子、电动机械、生命保障、武器操纵、照明与信号、防冰加温和旅客生活服务等系统。飞机电气系统的作用在于保证可靠地向用电设备，尤其是与安全飞行直接有关的重要用电设备提供符合要求的电能。飞机电气系统的可靠性要求比一般地面供电系统高得多，因此常采用多种措施来满足这些要求，如采用余度技术、故障状态下的负载管理和应急电源等。

5. 灯光照明系统

飞机的灯光照明系统分为内、外照明两部分。

飞机的内部照明又分白炽灯和荧光灯等，一般除阅读灯仍采用白炽灯外，驾驶舱和客舱大多采用荧光灯，驾驶舱仪表板也大量使用荧光照明。

飞机的外部照明主要包括航行灯、频闪灯、着陆灯、滑行灯、防撞灯、转弯灯及机翼灯等。

6. 液压系统

飞机液压系统是指飞机上以油液为工作介质，靠油压驱动执行机构完成特定操纵动作的整套装置。

7. 座舱环境控制系统

飞机升空后，空气随着飞行高度的增加变得越来越稀薄，大气压力和温度逐渐下降的同时，大气中的含氧量也随之下降，在4000m高度上人会出现较严重的缺氧症状。高度超过6000m时，机舱外的温度已经下降到零下24℃，空气密度也仅为地面的53%，此时人能维持有效知觉的时间仅为15min。座舱环境控制系统就是在飞行高度超过6000m时，用于保护旅客和机组人员生命安全的一种保障系统。

座舱环境控制系统一般包括增压系统、氧气系统以及空调系统三大部分，它能为旅客提供舒适、安全的飞行环境。

现代飞机的氧气系统只在紧急情况下救生使用。客机上为旅客使用的氧气面罩装置在座位上方的天花板里。一旦飞机客舱失压，舱内气压降到低于4500m高空的气压时，氧气面罩会自动落下（图1-21）。

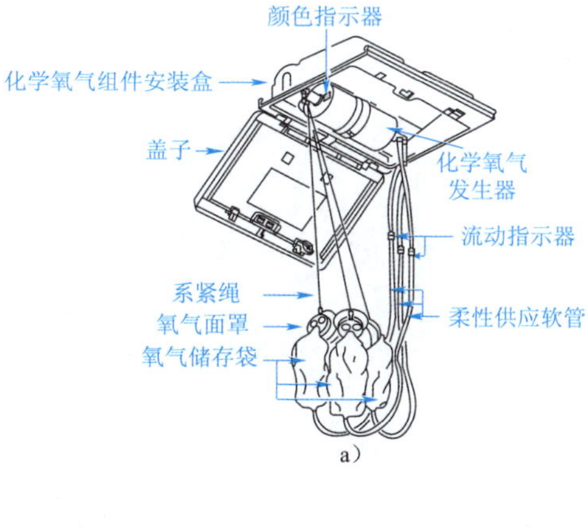

a）

b）

图1-21　氧气面罩

8. 燃油系统

目前，世界各航空公司所使用的航空燃油主要有航空汽油和航空煤油两大类。航空汽油一般用于活塞式航空发动机,而民航大型客机的动力装置普遍使用航空煤油,因为其燃烧值高。

现代大中型客机使用整体油箱,直接利用机翼和机身部分结构空间作为油箱。加油方式分压力加油和重力加油两种。小型飞机采用重力加油方式,现代大型喷气飞机载油量大,多采用压力供油方式。一架波音B747飞机加满全部油箱约需40min。

起飞后的飞机因故紧急返回机场时,为使飞机能安全降落,须将多余的燃油从两侧机翼翼端的泄油管排出。一般大型客机在15min内就能完成泄油。

四、客舱和货舱

1. 客舱

客舱(图1-22)是保证旅客安全、舒适旅行的空间。客舱系统的舒适及安全程度对旅客选择航空公司有重要影响。客舱的布局是指座椅、厨房、厕所和舱门的安排,制造厂可按航空公司的要求来进行布局。对大型客机来说,客舱座椅可按头等舱、公务舱、经济舱三个等级来安排,例如中国南方航空股份有限公司的空中客车A380客机共设506个座位,双层客舱内安排头等舱8个,公务舱70个,经济舱428个。航空公司还可以根据它的运营需要把客舱安排成头等舱和经济舱两个等级,也可以全部安排成经济舱以增大旅客运输量。飞机越小,其客舱的等级越少,中型客机通常只有公务舱和经济舱两个等级,而小型客机(100座以下)通常只有经济舱一个等级。

2. 货舱

民航货运飞机有两种形式。一种是全货机,如波音B747F等,这种飞机的机身除驾驶舱外都是货舱。为了装卸货物方便,飞机的机头和机尾段可整体打开,让货物从机头和机尾进入。机舱内的地板上铺设有滚棒,货物或集装箱可顺利推入(图1-23)。有些货机上还备有专用的绞盘或起重吊车。另一种是客货混合型飞机。这种飞机前舱载客后舱载货,以载货为主。而普通的客机上部载客,下部可用来载货和装运旅客的行李。

图1-22　客舱内部

图1-23　货舱内部

3. 机舱救生设施

虽然飞机是最安全的交通工具,但是由于飞机是在天空中飞行,一旦出现故障,往往导致机毁人亡的恶果。因此,飞机上有一系列应对突发事故的安全救生设施,以确保将事故的损失降到最低程度。

由于民航客机的事故一般发生在飞机的起飞和着陆阶段,所以救生设施一般多用于紧急迫降情况,这些设施包括应急出口、应急滑梯、救生艇(图1-24)、救生衣、灭火设备、应急供氧等。

图1-24　救生艇

五、飞机的飞行过程

飞机完成一次飞行任务需要经过起飞、爬升、巡航、下降、进近和着陆几个主要阶段(图1-25)。

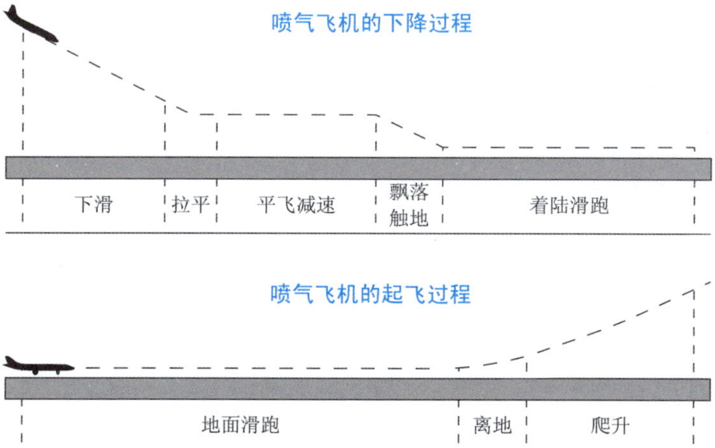

图1-25　飞机的飞行过程

1. 起飞阶段

飞机起飞是一个直线加速运动,它分为两个阶段。第一阶段:地面滑跑阶段。飞机首先以最大功率在地面滑跑,当达到决断速度时驾驶员必须继续起飞,因为这时的速度太大,如中断起飞,飞机会冲出跑道造成事故。当速度继续增加到一定数值时,机翼的升力和重力大致相等,驾驶员拉杆向后,飞机绕横轴转动,抬起机头,前轮离地,这时飞机开始升空,起飞的第一阶段滑跑完成。第二阶段:加速爬升阶段。飞机飞到规定的高度起飞阶段结束。起飞阶段是飞机功率最大和驾驶员操作最繁忙的阶段。

2. 爬升阶段

飞机的爬升有两种方式。一种是按固定的角度持续爬升达到预定高度。这样做的好处是节省时间,但发动机所需的功率大,燃料消耗大。另一种是阶梯式的爬升,即飞机升到一定高度后改为水平飞行以增加速度,然后再爬升到第二个高度,如此经过几个阶段爬升到预定高度。这样的爬升方式最节约燃料。

3. 巡航阶段

飞机达到预定高度后,保持水平等速飞行状态,这时如果没有天气变化的影响,驾驶员可以按照选定的速度和姿态稳定飞行,飞机几乎不需要操纵。

4. 下降阶段

在降落前半个小时或更短的飞行距离时驾驶员开始逐渐降低高度,到达机场的空域上空。

5. 进近和着陆阶段

进近也叫进场,是指飞机在机场空域上空由地面管制人员指挥对准跑道下降的阶段。这个阶段飞机需要按规定绕机场飞行后直接对准跑道,减速并放下襟翼和起落架。当飞机下滑到离地面7～8m高度时,驾驶员把机头拉起,到1m左右高度时使飞机拉平,飞机平行地面下降,一般称为平飘。飞机两个主轮平衡着地后,以大迎角滑跑一段距离以增加阻力,然后驾驶员前推驾驶杆使飞机前轮着地,升起扰流板,使用制动和反推装置(喷气飞机)或反桨装置(螺旋桨飞机),使飞机尽快降低速度,以便滑出跑道进入滑行道。

整个飞行过程中,操作最复杂的是起飞和着陆阶段。据统计,航空事故的68%出现在这两个阶段,因而在飞机设计和驾驶员训练时,这两个阶段都是重点,以确保飞行安全。

六、民航飞机的主要性能

(一)飞机的飞行性能

飞机的飞行性能是评价飞机优劣的主要指标。主要包括下列几项:

1. 最大平飞速度

飞机的最大平飞速度是在发动机最大功率或最大推力时飞机所获得的平飞速度。目前高亚音速客机的最大平飞速度为声速的75%～90%。通常飞机不用最大平飞速度长时间飞行,因为耗油太多,而且发动机容易损坏。

2. 经济巡航速度

经济巡航速度一般是最大平飞速度的90%～95%。这时飞机的飞行最经济,航程也最远。显然,经济巡航速度比最大平飞速度在运营上更重要一些。

3. 升限

升限是指飞机上升所能达到的最大高度。

4. 航程及续航时间

航程是指飞机一次加油所能飞越的最大距离。续航时间是指飞机一次加油在空中所能持续飞行的时间。

5. 飞行高度

飞机的飞行高度是指飞机在空中的位置和所选定的基准面之间的高度差值，由于所选的基准不同，因而也有不同的高度定义。

(1)相对高度：是指飞机相对某一指定场面(如机场地面)的高度。在起飞和降落时驾驶员必须知道这一高度。

(2)标准气压高度：标准气压面是人为设定的。由于这个高度不受温度和湿度的影响，国际民用航空组织规定，当飞机进入航线后，一律使用标准气压高度。

(二)飞机的载重与平衡

飞机在空中运行过程中没有任何的着力点，所以平衡重心是影响飞行安全的重要因素。配载工作的任务就是在保证安全的前提下，一方面，科学有效地控制好飞机的载重，提高运营效益；另一方面，有效控制飞机的重心位置，保证飞行安全。

1. 飞机的重量

(1)最大起飞重量：指因设计或运行限制，飞机起飞时所能够容许的最大重量。由于升力有限，因此飞机本身的总重必须受到限制，以保障能够正常起飞离地。目前，世界上最大的运输机An-225的最大起飞重量达到640t，而空中客车A380达到560t。

(2)最大着陆重量：指飞机着陆时允许的最大重量。考虑到飞机着陆时的冲击对结构的影响，一般大型飞机的最大着陆重量要小于最大起飞重量。

(3)最大无油重量：也称最大零油重量，是根据机翼的结构强度而规定的，除燃油以外所允许的最大飞机重量。

(4)飞机基本重量：也称操作空重或使用空重，是指除业务载重量和燃油以外，已完全做好飞行准备的飞机重量。

(5)业载：业务载荷，执行任务的飞机装载的客行邮货的总和。

2. 载重平衡

飞机上载重的分布和变化会对飞机的受力和重心的位置产生影响，使飞机保持前后平衡，是关系到航班安全的一项重要工作。在飞行过程中，不允许旅客擅自调换座位，以避免飞机失衡而影响飞机的操作性。

七、著名飞机及发动机制造企业

民用航空技术特别是大型干线客机的研制技术复杂，安全性和经济性要求高，研制周期长，耗资巨大。美国波音公司(Boeing，图1-26)和欧洲空中客车公司(Airbus，图1-27)是目前世界上最大的两家干线飞机制造企业，加拿大庞巴迪公司和巴西航空工业公司是世界上最大的两家支线飞机制造企业，我国商业飞机大多数都是由上述制造商制造的。我国自行研制生产的支线飞机ARJ-21(图1-28)已投入商业运行，干线飞机C919不久的将来也会在蓝天上飞翔。

世界上著名的发动机制造企业主要有美国GE发动机公司、英国罗尔斯·罗伊斯公司(简称罗·罗公司)以及美国普拉特·惠特尼发动机公司(简称普·惠公司)三大巨头。

图1-26　波音公司logo

图1-27　空中客车公司logo

图1-28　ARJ-21

第三节 航空气象

引例　国航釜山坠机事件

中国国际航空股份有限公司(以下简称国航)的129号航班(波音B767-200ER型客机)于2002年4月15日早上8时37分(当地时间)从北京首都国际机场起飞。大约两小时后飞抵韩国的釜山金海国际机场,当时正下着小雨而且有雾。韩国时间11时20分,金海国际机场控制塔指示国航129号航班降落36L跑道,可是飞机因能见度太低而重飞。后来飞机尝试在18R跑道降落，但机长过度注意当时的天气状况及与塔台通话，没有注意到飞机已低于安全高度，当机长发现时已来不及重飞。最后，飞机于11时40分坠毁于机场附近的山上，断开数截并着火(图1-29)。包括肇事的机长，机上只有38人生还。

图1-29 釜山坠机

一、大气层

在地球引力作用下，大量气体聚集在地球周围，形成数千千米的大气层。气体密度随离地面高度的增加而变得越来越稀薄。空气中包括氮(78%)、氧(21%)、氩(0.93%)、二氧化碳(0.03%)、氖(0.0018%)，此外还有水气和尘埃等。

(一)大气层的构造

根据各层大气(图1-30)的不同特点，从地面开始依次分为对流层、平流层、中间层、电离层(热层)和散逸层(外大气层)。

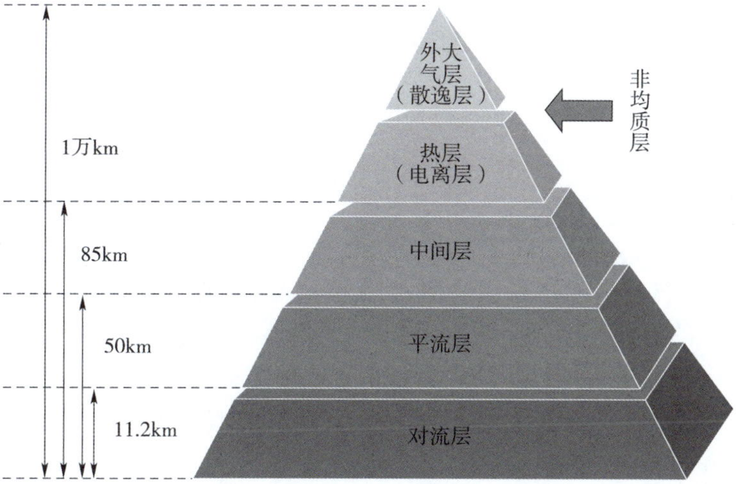

图1-30 大气层

1. 对流层

对流层在大气的最底层,是大气中最稠密的一层,空气的移动是以上升气流和下降气流为主的对流运动,其范围为从地面到10～16km处(极地为8～9km,赤道为15～18km)。大气中的水气几乎都集中于此。气温随高度的上升而均匀下降,平均每上升100m,气温降低0.65℃。在对流层里,大气的活动异常激烈,形成了多种多样复杂的天气变化,风、云、雨、雪、雾、露、雷、雹多发生在这一层里。

2. 平流层(同温层)

平流层在对流层的上面,对流现象减弱,主要表现为水平方向的运动。平流层气温稳定,故又称为同温层。这里基本上没有水气,晴朗无云,能见度高,飞机受力稳定,适于飞机航行。

(二)航空器与大气层

航空器一般活动在对流层和平流层下部。没有增压座舱的飞机和小型的喷气飞机在7000m以下的对流层中飞行。大型和高速的喷气客机装有增压装置,在7000～13000m的对流层顶部和平流层下部飞行。这里没有垂直方向的气流运动,而且空气稀薄,飞行阻力小,飞机可以较高的速度飞行。

二、航空气象服务

航空器运行是在大气中进行的,它时刻都要受到大气的制约,航空器能否起降、起降方向、载重、两地间的飞行时间都与气象有关。从航空器延迟起降和发生的事故来看,由于气象原因所导致的最多,大约有80%以上的航班延误是由于天气原因造成的,有1/4～1/3的航空器事故都与天气有关,所以航空器飞行与气象条件有着密切关系。

1. 组织机构

我国的航空气象服务是由单独的民航气象机构提供的。

2. 气象报告

气象报告中有机场气象观测报告、机场预报、起飞预报、高空风预报、航路预报等。其中机场预报是对机场区域的天气预报,主要内容有机场的云层高度、能见度、风速、风向、降水在24h内的变化。

三、影响飞行的气象因素

引例中的国航129号航班在韩国失事,引起众人关注,那么影响飞机安全的因素究竟有哪些呢?飞机起降的最低标准,也就是必须满足的基本标准,实际上就是天气标准,包括风、能见度及云底高度。对于不同的机场、跑道、机型、飞机性能以及不同的机长,飞机起降的标准可能不一样。有时,旅客看见有的飞机起飞了,而自己的飞机却不能起飞,有可能就是因为起降标准不一。

在众多天气现象中,对飞行安全造成威胁的主要是雷暴、低能见度、低云、风、颠簸、结冰等。

1. 雷暴

雷暴是飞机在飞行中所遇到的最恶劣、最危险的天气之一。雷暴区历来被视为飞行活动的“禁区”，如果必经之道上有雷、雨、云封道，那么飞机是不能起飞的。因此，有时会遇到起飞机场和落地机场都是晴空万里，但是飞机延误或取消的情况，这有可能是因为飞行必经之道上存在雷暴等不利天气。

2. 低能见度

低能见度天气对飞机起降有着很大的影响。雨、云、沙尘暴、浮尘、烟、雾和霾等都会使能见度降低，影响飞行。地面能见度低，容易产生偏航和迷航，影响起飞和着陆。当机场能见度低于350m时，飞机就无法起飞；能见度低于500m时，飞机就无法降落；如果能见度低于50m，飞机连滑行都无法进行，飞行员处置不当时极易造成飞行事故。

3. 低云

低云也是危及飞行安全的危险天气之一，它主要影响飞机的降落。在低云遮蔽机场的情况下降落，飞机飞出低云后就会离地面很近。如果这时飞机没有对准跑道，往往来不及修正，容易造成复飞。有时，由于指挥或操作不当，飞机还有可能与地面障碍物相撞，造成事故。

4. 风

风影响着飞机起飞和着陆的滑跑距离和时间。一般飞机都是逆风起降，侧风不能过大，否则无法起降。航线飞行，顺风可以减少油耗，缩短飞行时间，顶风则相反。但易造成飞行事故的是风切变，约20%的航空事故由风切变导致，这是风的不连续性造成的，它具有时间短、尺度小、强度大的特点。低空风切变是指在近地面600m高度以下短距离内风向、风速发生明显突变的状况。强烈的风切变瞬间可以使飞机过早或者被迫复飞，在一定条件下还可导致飞机失速和难以操纵，甚至导致飞行事故。低空风切变是在一定的天气背景和环境条件下形成的。雷暴、龙卷风等强对流天气极易引发强烈的低空风切变；锋面，特别是强冷锋及强冷锋后的大风区内往往存在严重的低空风切变。此外，复杂地形也容易产生风切变，比如林芝米林机场、九寨黄龙机场、香港国际机场、美国阿拉斯加州的朱诺国际机场等周围有山环绕、地形复杂，风切变的现象明显。

5. 颠簸

飞机飞行中突然出现的忽上忽下、左右摇晃及机身震颤等现象称为颠簸。颠簸强烈时，一分钟上下抛搓几十次，高度变化几十米，空速变化可达每小时20km以上，造成飞行员操纵困难或暂时无法操纵。颠簸的出现一般与空气湍流有关。

6. 结冰

飞机结冰是指飞机机体表面某些部位聚集冰层的现象。它主要由云中过冷水滴或降水中的过冷雨碰到飞机机体后结冰形成，也可由水气直接在机体表面凝结而成。飞机结冰导致飞机的空气动力性能变差，使飞机的升力减小，阻力增大，影响飞机的安全和操纵性。旋翼和螺旋桨叶上结冰，会造成飞机剧烈颤动；发动机进气道结冰，可能会损坏飞机；风挡结冰，妨碍目视飞行；天线结冰，影响正常通信或造成通信中断。

小链接

包头空难

2004年11月21日8时21分，中国东方航空云南有限公司（以下简称东航云南公司）CRJ-200机型B-3072号飞机，执行包头飞往上海的MU5210航班任务，在包头机场附近坠毁（图1-31），造成55人（其中有47名旅客、6名机组人员和2名地面人员）遇难。直接经济损失1.8亿元。

事故调查组通过对CRJ-200机型飞机进行气动性能、机翼污染物、机组操作和处置等进行分析，认为本次事故的原因是：飞机起飞过程中，由于机翼污染使机翼失速，临界迎角减小。当飞机刚刚离地后，在没有出现警告的情况下飞机失速，飞行员未能从失速状态中改出，直至飞机坠毁。

事故调查组认为，飞机在包头机场过夜时存在结霜的天气条件，机翼污染物最大可能是霜。飞机起飞前没有进行除霜（冰）。东航对这起事故的发生负有一定的领导和管理责任，东航云南公司在日常安全管理中存在薄弱环节。经调查认定这起事故是一起责任事故。

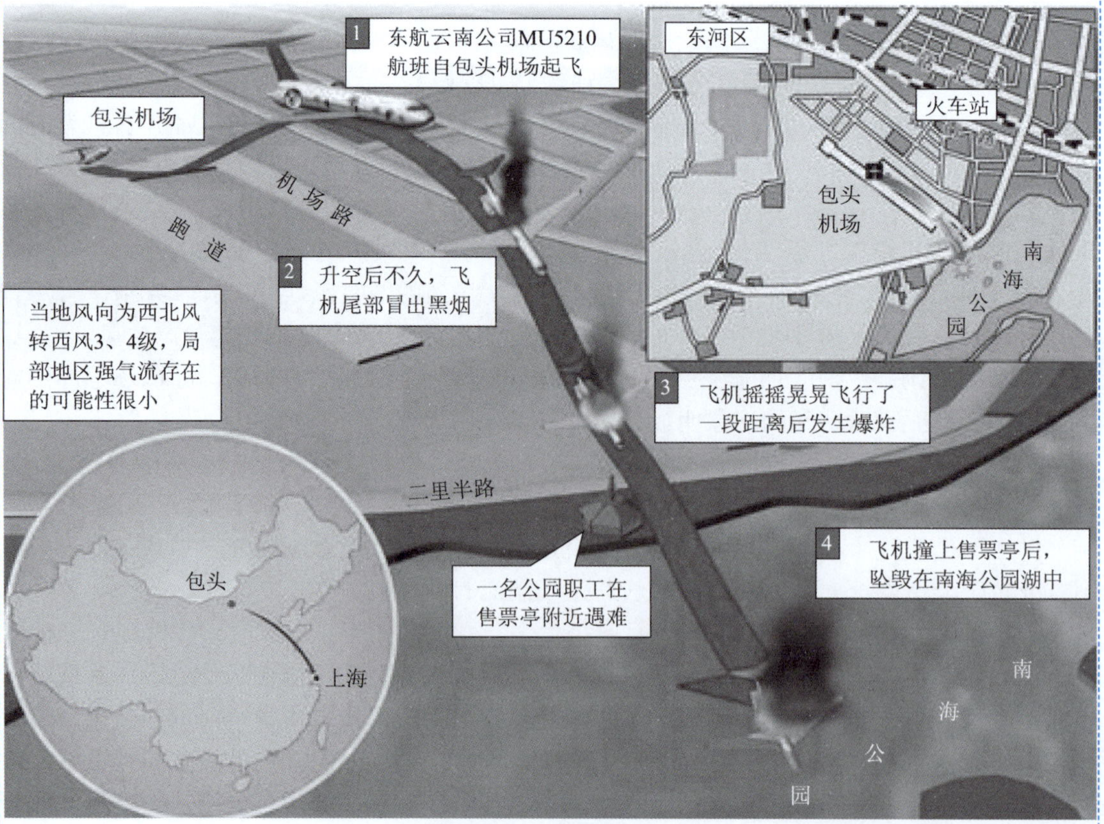

图1-31　包头空难

第四节 空中交通管制服务

引例 军演导致航班大面积延误

2014年7月29日14时至18时空域繁忙，临沂、徐州、连云港、淮安、盐城、常州、扬州、南通等机场不接收落地航班，上海空域拥堵。截至28日17时，东航已决定取消29日、30日的航班近40个，京沪高铁一票难求。

此前，国防部新闻事务局表示，我军将从7月29日起在东南沿海方向举行实兵演习。据东方网7月29日报道，28日傍晚，中国民用航空局空管局发布大面积航班延误红色预警，预计29日上海区域14时至18时有空域繁忙情况，期间上海虹桥、浦东国际机场通行能力下降75%。2014年7月，中国民用航空局向各航空公司下发通知，由于航空管制，近一个月华东地区的航班减量。华东方向的航班已经受到影响，延误、取消架次较多。

一、空中交通管制服务

空中交通管制亦称飞行管制，是有关部门根据国家颁布的飞行规则，是对空中飞行的航空器实施的监督控制和强制性管理的统称。其主要目的是维持飞行秩序，防止航空器互撞和航空器与地面障碍物相撞。

空中交通管制是世界上各个国家对自有领空进行管理的一种手段，一般都有明确的立法和规定。我国民航对领空的使用范围有明确规定，超过民航范围的空域由我国国防部队——中国人民解放军空军单位进行管理。

空中交通管制分为机场管制服务、进近管制服务以及区域管制服务三部分。

1. 机场管制服务

机场管制服务由机场管制塔台提供。管制员在塔台的顶层，靠目视来管理飞机在机场上空和地面的运动。塔台管制员一般分为地面交通管制员和空中管制员。地面交通管制员控制跑道之外的机场地面，包括滑行道、机坪上所有航空器的运动。空中交通管制员负责飞机的起降顺序，引导在起落航线上飞行的飞机的起飞和着陆，安排合理的飞机放行间隔，以保证飞行安全。

起飞和降落的飞机在机场要按一定的航线飞行，这种飞行航线叫作起落航线。航线由5段组成，每一段航段称为一个边。第一段称为第一边或逆风边，它的航迹平行于跑道，方向与着陆方向相同。第二段称为第二边或侧风边，它垂直于跑道。第三段称为第三边或顺风边，它的航迹平行于跑道但航向与着陆方向相反。第四段称为第四边或基本边，它的方向与跑道垂直，它的终端在其与跑道中心线的延长线的交点处。第五段叫第五边，也称为末边，它的方向对准跑道中心线,飞机沿着它着陆。起飞和降落的飞机都要按这个航线飞行,降落时飞机可以按顺序飞完全部的标准航线,也可以按管制员的调度只飞后面的几个边或一个边(图1-32)。

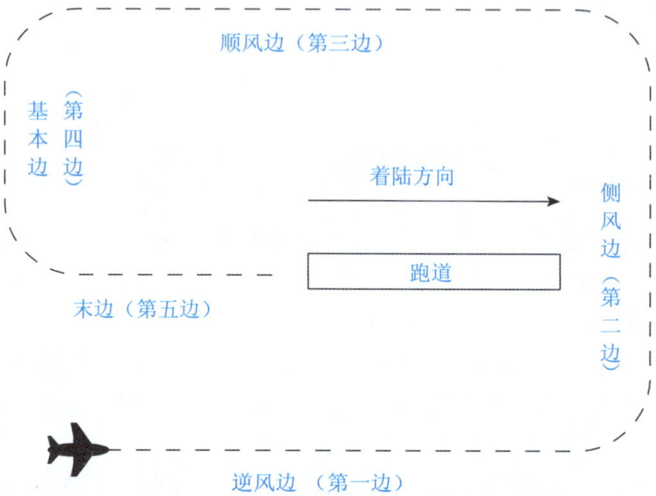

图1-32　飞行五边

2. 进近管制服务

进近管制是塔台管制和区域管制的中间环节,向航空器提供进近管制服务、飞行情报服务和防撞告警。为便于进近管制室与塔台管制进行协调,一般将进近管制室设置在塔台下部,依靠无线电通信和雷达设备监控飞机。进近管制的范围一般大约在机场90km半径之内,高度6000m以下。在这个区域飞机起飞离场进入航线,或是由下降离开航线转入进近,直至落地。进行管制要负责飞机的离场进入航线和进近着陆。

3. 区域管制服务

航空器在航线上的飞行由区域管制中心提供空中交通管制服务,每一个区域管制中心负责一定区域上空的航路、航线网的空中交通的管理。区域管制所提供的服务主要是高度在6000m以上的在大范围内运行的航空器。

区域管制员的任务是根据飞机的飞行计划,批准飞机在其管区内的飞行,保证飞行的间隔,然后把飞机移交到相邻空域,或把到达目的地的飞机移交给进近管制。区域管制员依靠空地通信、地面通信和远程雷达设备来确定飞机的位置,按照规定的程序调度飞机,保持飞行的间隔和顺序。区域管制中心都设在大城市附近,便于保障繁忙的通信网络和复杂设备的使用。

二、空中交通管制方法

空中交通管制方法主要分程序管制和雷达管制两种。程序管制是整个空中交通管制的基础,是我国民航管制工作在以往很长一段时间中使用的主要方法。该方法也在雷达管制区雷达失效时使用。随着民航事业的迅速发展,飞行量的不断增长,我国民航加强了雷达、通信、导航设施的建设，并协同有关部门逐步改革管制体制，在主要航路、区域已实行先进的雷达管制。

三、空域管理中的最小垂直间隔

为了保证飞行安全，飞机在空中必须与其水平方向和垂直方向上的其他飞机保持规定的间隔。2007年11月22日零时起，我国民航开始实施缩小垂直间隔的重大变革，在8400～8900m实施500m的垂直间隔，8900～12500m实施300m的垂直间隔，高度层由过去的7个增加到13个，这使因流量控制而造成的航班延误大大减少。

四、空中交通管制与航班延误

实行空中交通管制主要有以下两个方面的原因。

1. 常态的流量控制

随着我国民航发展迅速，航班量急剧增加，但相应的地面设施、导航设备、服务保障方面发展缓慢，航路结构不合理，无法适应当前高速发展的民航业，尤其是目前我国因确保国防安全等原因，对空域实行严格限制，空中禁区多，军方负责组织实施全国飞行管制工作，民航方面可调节的余度很小。近几年民航系统不断更新设备，制订新的措施，有效缓解了空中拥堵现象，但整体上进步不大。除了常态的流量控制，导致流量控制的原因还有很多。

2. 突发的空军活动

这种情况涉及国防机密，往往来得突然，相关航班的飞行都要受到影响，未起飞的航班在地面等待，在空中的航班或返航或就近降落其他机场等待，没有理由，没有预计时间。以厦门为例，这种情况造成的航班延误占的比例还不小，尤其在东南沿海军演、海峡两岸关系紧张时。这些方向来的航班也将受影响，或就近备降，或返航。管制时间少则半个小时，多则三四个小时，一解除管制，空域往往又大量塞机，继续出现延误。一次管制会打乱当天相关机场几乎所有的航班运行，令民航部门无所适从。

小链接

低空空域开放

改革开放以来，随着我国人均国内生产总值和个人消费能力的不断提高，中国私人飞行拥有量也在升温。据报道，未来10年，中国私人飞机市场规模将以每年20%～25%以上的速度增长。

2010年8月19日，国务院、中央军委颁发了《关于深化我国低空空域管理改革的意见》，这是指导今后一个时期我国低空空域管理改革的纲领性文件。文件明确，改革分三个阶段：第一个阶段是试点，即2011年前在沈阳、广州飞行管制区试点，进一步积累经验；

第二个阶段是推广,即2015年年底前,在全国推广试点成果,基本形成政府监管、行业指导、市场化运作、全国一体化的低空空域运行管理和服务保障体系;第三个阶段是深化,即2020年年底前,建立起科学的空管理论体系、法规体系、运行管理体系和服务保障体系,实现低空空域资源充分开发和有效利用。

第五节 机场

引例 上海浦东国际机场

上海浦东国际机场(简称浦东机场)是我国(包括港、澳、台)三大国际机场之一(图1-33),与北京首都国际机场、香港国际机场并称中国三大国际航空港。浦东机场位于上海浦东长江入海口南岸的滨海地带,占地40多平方千米,距上海市中心约30km,距上海虹桥国际机场约40km。

图1-33 浦东机场

浦东机场一期工程1997年10月全面开工,1999年9月建成通航。一期建有一条4000m长、60m宽的4E级南北向跑道,两条平行滑行道,80万m^2的机坪,共有76个机位,货运库面积达5万m^2,同时,装备有导航、通信、监视、气象和后勤保障等系统,能提供24h全天候服务。

浦东机场共规划了五条平行跑道。其中,第一跑道长4000m、宽60m,运行等级为4E级,于1999年9月正式投入使用;第二跑道长3800m、宽60m,运行等级为4F级,于2005年3月启用;第三跑道长3400m、宽60m,运行等级为4F级,于2008年3月启用。第一跑道和第三跑道位于浦东机场1号航站楼西侧,第二跑道和第四跑道位于2号航站楼东侧。

第四跑道位于第二跑道东侧440m处,长3800m、宽60m,于2015年3月投入使用。这条跑道按照满足4F类航空器的使用要求进行设计建设,是世界上等级最高的跑道,可起降包括全球最大的空客A380在内的各类大型客机。

目前，浦东机场第五跑道正在建设中。据机场方面提供的信息，第五跑道位于第四跑道以东1750m处，长3400m、宽45m，运行等级为4E级，可供除空客A380外的所有飞机起降。

2019年，浦东机场年旅客吞吐量已达7615万人次，货邮吞吐量达364万t，分列全球机场旅客吞吐量的第8位和货邮吞吐量的第3位。

一、机场的定义、分类和密度

机场，也称飞机场或空港，是专供飞机起降活动的场所。机场除了跑道之外，还设有塔台、停机坪、候机楼、维修机库等设施。机场一般分为军用机场和民用机场两大类。

我国的机场密度为每10万km^2有1.4个机场，日本为23.3个。我国即使是在机场最集中的华东地区，每10万km^2只有4.8个机场，而西北地区每10万km^2机场数量更少，仅为0.8个。由此可见，我国机场行业的整体发展前景值得看好。

二、机场的构成

机场作为商业运输的基地，可以划分为飞行区、地面运输区和候机楼三大部分。飞行区是飞机运行的区域；地面运输区是车辆和旅客活动的区域；候机楼是旅客登机的区域，是飞行区和地面运输区的接合部位。飞行区由跑道、滑行道与停机坪构成，以下主要介绍飞行区等级及跑道标志。

（一）飞行区等级

为了使该机场飞行区的各种设施的技术要求与在机场上运行的航空器性能相适应，与《国际民用航空公约》附件14相一致，我国采用飞行区等级代码来描述民航运输机场飞行区对航空器的接纳能力。飞行区等级由两个部分组成，第一部分是数字，表示所需要的飞行场地长度。第二部分是字母，表示相应飞机的最大翼展和最大轮距宽度，它们相应的数据见表1-1。

飞行区等级表　　表1-1

数字（第一位）		字母（第二位）		
数字	飞行场地长度（m）	字母	翼展（m）	轮距（m）
1	＜800	A	<15	＜4.5
2	800～1200	B	15～24	4.5～6
3	1200～1800	C	24～36	6～9
4	1800以上	D	36～52	9～14
		E	52～65	9～14
		F	65～80	14～16

(二)跑道标志及基本参数

跑道标志中最主要的是跑道端线、跑道号和跑道中线。跑道的起始部分叫跑道端,也叫跑道出口,用跑道端线标出。跑道的两端都有跑道端线。起飞的飞机从跑道端线起动加速,降落的飞机在到达此线之前必须停下来。在跑道端线前方可以看到醒目的跑道号。

1. 跑道号

大型机场通常有多条跑道。这些跑道会根据它们的磁方位角而命名,其磁方位角同时指明了该跑道的使用方向,即使用跑道时航空器的运动方向。命名的基本原则是取跑道磁方位角的前两位数或者四舍五入后取前两位数,所以可能有不同方向但是同名的跑道(比如磁方位角分别为173°和179°的两条跑道,它们都可以叫作17跑道)。因此,"36跑道"指磁方位角为360°±9°(向磁北)的跑道;"09跑道"指磁方位角为90°±9°(向磁东)的跑道。由于跑道可能是双向使用的,因使用方向变化,跑道对应的磁方位角也发生变化,所以跑道两端对应不同的名称。上述磁方位角变化为180°,因此只要将其中一个跑道的数字名称上加或减18,就能得到跑道另一方向的名称,例如"12跑道"相反方向便是"30跑道"。

如果机场有超过一条方向相同的跑道,它们便会在数字之后加以"L""C""R"来区别,分别代表左(Left)、中(Center)和右(Right)。在英语标准陆空通话中分别被叫作"Runway One Fife Left""Runway One Fife Center""Runway One Fife Right"。例如"18L""18C""18R"指三条互相平行,方位角均为180°的跑道(图1-34)。

图1-34　跑道号

2. 基本尺寸

基本尺寸指跑道的长度、宽度和坡度。

跑道的长度取决于所能允许使用的最大飞机的起降距离、机场海拔高度及常年温度变化。低海拔地区的跑道有3600m就足够达到飞机起降使用的标准了。但是,高原地区由于空气稀薄,致使飞机升力和发动机的功率降低,因此这些地方的机场跑道长度需要4000m以上。热带地区气温高,飞机的升力也会下降,因此跑道也要修得长些。目前,世界上跑道最长的机场是我国西藏昌都邦达机场，海拔4300m，跑道长度为5500m。

3. 跑道的附属区域

跑道附属区域包括跑道道肩、两侧安全带、两端安全道以及净空道。

4. 跑道灯光系统

跑道灯光系统由侧灯、端灯、中心灯和着陆区灯4种灯光构成。

三、机场安全

机场安全对任何机场来说都是一个非常重要的组成部分，全世界每天有数十万旅客乘坐飞机旅行。为了安全，机场必须对每一位乘机的旅客进行人身安全检查。安全检查的一般程序是：证件检查、行李X光机检查、安全门检查、人身手探检查和开箱开包检查。

目前，安检系统在很大程度上降低了犯罪行为发生的可能性。安检人员会收缴所有的枪支、攻击性武器及其仿制品，爆炸物，易燃物，有毒物质及具有腐蚀性的物质等，确保不让任何一个经过伪装的犯罪分子登机。

本章小结

本章包含内容较多，较为系统地介绍了空中乘务岗位应掌握的民航基础知识，内容包括民航发展史、民用航空器知识、航空气象、空中交通管制服务和机场。对部分学生，如果已有一定的民航概论基础或学习背景，本章可以简单带过。但对于部分学生如无相关学习背景，通过学习能对其以后的岗位工作带来帮助。

思考与练习

一、填空题

1. 1949年，当时的________和________发动了著名的“两航起义”。

2. 从组织结构看，民航由________、________和________三部分组成。

3. 飞机主要受到升力、推力、________和________四个力的作用。

4. 通常我们把________、________、________和________这几个构成飞机外部形状的部分又合称为机体。

5. 起落架的布局一般可分为________和________两种。

6. 飞机要完成一次飞行任务要经历________、________、________、________和________五个阶段。

7. 飞行信息记录系统（黑匣子）包括________和________两部分。

8. 对大型客机来说，客舱座椅可按________、________、________三个等级来安排。

二、选择题

1.(　　)年美国莱特兄弟制造的“飞行者1号”试飞成功。

A. 1901年　　B. 1801年

C. 1903年　　D. 1803年

2. 旅美华侨冯如于(　　)制成一架飞机并试飞成功。

A. 1919年　　B. 1909年

C. 1900年　　D. 1910年

3. 在20世纪90年代(　　)成功兼并另一世界飞机制造业巨头麦道公司后成为全球最大的民机制造企业。

A. 波音公司　　B. 空客公司

C. 巴西航空　　D. 庞巴迪公司

4. 下列属于轻于空气的航空器是(　　)。

A. 直升机　　B. 飞艇

C. 滑翔机　　D. 风筝

5. 现在民用喷气式飞机一般的飞行速度是(　　)。

A. 200km/h　　B. 400km/h

C. 800km/h　　D. 1200km/h

6. 以下属于星空联盟的航空公司是(　　)。

A. MU　　B. CZ　　C. ZH　　D. 3U

7. 以下属于天合联盟的航空公司是(　　)。

A. AA　　B. AF　　C. LH　　D. 3U

8. 以下属于寰宇一家的航空公司是(　　)。

A. KE　　B. TK　　C. BA　　D. MF

9. 中华航空公司的两字代码是(　　)。

A. BR　　B. SQ　　C. CI　　D. TG

10. CX是(　　)的两字代码。

A. 澳洲航空公司　　B. 日本航空

C. 国泰航空　　D. 汉莎航空

三、名词解释

1. 航空器

2. 民用航空

3. 经济巡航速度

4. 飞机基本重量

四、简答题

1. 简述民航六大航空集团的名称。

2. 简述飞机的基本组成部分。

3. 简述影响飞行的气象因素。

第二章

民航运输基础知识

- 第一节 航空地理
- 第二节 航空公司
- 第三节 国际民用航空组织与航空联盟
- 第四节 民航运输基础术语

第一节
航空地理

一、国内航空地理

1. 国内地理概述

我国的海陆位置为：亚洲东部、太平洋的西岸。我国东西跨越经度60多度，最东端的乌苏里江畔和最西端的帕米尔高原时差为4个多小时。我国领土辽阔，总面积约960万km^2，仅次于俄罗斯、加拿大，居世界第三位，差不多同整个欧洲面积相等。我国现在行政区域划分为省（自治区、直辖市）、自治州（县、自治县、市）和乡（民族乡、镇）三级，省级行政单位包括23个省、5个自治区、4个直辖市和2个特别行政区。在历史上我国划分为东北区、华北区、华东区、中南区、西南区和西北区6个大区。我国政府分别于1997年和1999年恢复对香港、澳门的行使主权，设立香港、澳门特别行政区，香港、澳门是我国领土的一部分。

新疆维吾尔自治区是我国面积最大的省级行政区，它位于我国的西北部，其人民政府所在地是乌鲁木齐市，简称“新”。

因位于黄河北岸而得名的河北省，在古代它的部分土地属于冀州，所以河北简称“冀”，其人民政府所在地是石家庄。

河南省是中国古代文明的两个重要发祥地之一，它是中国古代“九州”中的“豫州”，因此简称“豫”，其人民政府所在地是郑州，有大量古代历史和文化遗址。

有“古代历史的博物馆”之称的陕西省，是古代秦国的所在地，所以称“秦”或“陕”。其人民政府所在地西安市（古称长安），是我国著名的“千年古都”。

有“煤海”之称的山西省，因位于太行山的西面而得名，简称“晋”，其人民政府所在地是太原市。

内蒙古自治区横贯我国东北区、华北区、西北区，简称“内蒙古”，其人民政府所在地是呼和浩特市，意思是“青色的城市”。

辽宁省因省内有一条辽河而得名，简称“辽”，其人民政府所在地是沈阳市。

吉林省位于东北平原的中心，简称“吉”，其人民政府所在地长春市是中国的“汽车城”。

有“北大仓”（粮仓）之称的黑龙江省是我国最北的省份，也是最东的省份，简称“黑”。其人民政府所在地是哈尔滨市，又称“冰城”。

甘肃省是我国古代“丝绸之路”的必经之地，其人民政府所在地是兰州市。

宁夏回族自治区，位于我国的西北部，其人民政府所在地是银川市。

青海湖古代叫“西海”，蒙古语称“库库诺尔”，意思是“青色的湖”。青海省就是因它而得名的，这是我国唯一以湖泊而得名的省，其人民政府所在地是西宁市。

西藏自治区位于我国的西南边疆。从公元7世纪开始，其就与内地在政治、经济、文化等方面经常往来,促进了藏、汉民族之间的交流与发展。西藏自治区人民政府所在地拉萨市,在藏语中是"圣地"或"佛地"的意思,又因这里一年四季晴空万里,日照时间长,人们把拉萨叫作"日光城"。

同缅甸、老挝、越南相邻的我国西南边疆省份是云南省,简称"滇"或"云"。云南省人民政府所在地昆明市,是我国的历史文化名城之一,也是闻名中外的"春城"。这里冬天不冷,夏天不热,气候温和,四季如春。

"天无三日晴,地无三尺平"指的是贵州省,简称"黔"或"贵",其人民政府所在地是贵阳市。

因为物产丰富而被称为"天府之国"的四川省,简称"蜀",其人民政府所在地是成都市。

湖北省因地处洞庭湖以北而得名,简称"鄂",其人民政府所在地武汉市,水陆交通便利,夏季气温高,有"火炉"之称。

湖南省因位于洞庭湖以南而得名。因其境内最大的河流——湘江流经全省,所以简称"湘",其人民政府所在地是长沙市。

江西省地处长江中下游南岸,赣江是江西省内最大的河流,所以简称"赣",其人民政府所在地是南昌市。

安徽省出产"文房四宝"中的纸、墨、砚,它简称"皖",其人民政府所在地是合肥市。

因位于太行山以东而得名的山东省,在古代是齐国和鲁国的所在地,所以简称"鲁",其人民政府所在地济南市,是我国著名的"泉城"。

江苏省位于我国华东地区,简称"苏",其人民政府所在地南京市是著名的"六朝古都"。

浙江省人民政府所在地杭州市,风景优美,是我国"七大古都"之一。

福建省位于我国东南沿海的南段,简称"闽",因境内第一大河闽江而得名。福建省人民政府所在地福州市,又称"榕城",因城中榕树多而得名。

福建省对面是我国的宝岛台湾,简称"台",台北和高雄是台湾两个最大的城市。台湾岛上的居民以汉族为最多,他们的祖先大部分是从福建和广东迁过去的,通用普通话和闽南话,风俗习惯与闽南差不多。

广西壮族自治区,简称"桂",其人民政府所在地是南宁市。广西壮族自治区内的桂林、阳朔一带是世界闻名的旅游景区,有"桂林山水甲天下"的美称。

北京市是我国的首都,简称"京"。

天津市是首都北京的门户,简称"津",是全国著名的经济中心。

上海位于长江的入海处,简称"沪",是全国最大的工业基地、商业中心、贸易中心。

重庆市,简称"渝",是我国四大直辖市之一,它是长江上游的经济与金融中心 。

有"东方夏威夷"美称的海南省,简称"琼",其人民政府所在地是海口市。

广东省位于我国南部,毗邻港澳,是我国通往东南亚、大洋洲、中近东和非洲等地区的最近出海口,简称"粤"。

2. 民航地区管理局的区域划分

中国民用航空局下设有七个管理局,即六个地区管理局(华北、西北、西南、华东、东北、中南)和一个新疆管理局,它们的管辖范围包括以下区域:

- 华北地区(民航区域编号为1):北京、天津、河北、山西、内蒙古。
- 西北地区(民航区域编号为2):陕西、甘肃、宁夏、青海。

- 华南地区（民航区域编号为3）：广东、广西、湖南、湖北、河南、海南。
- 西南地区（民航区域编号为4）：云南、贵州、四川、西藏、重庆。
- 华东地区（民航区域编号为5）：上海、山东、安徽、江苏、浙江、福建、江西（六省一市）。
- 东北地区（民航区域编号为6）：辽宁、吉林、黑龙江。
- 新疆地区（民航区域编号为9）：新疆。

数字代表该地区在航班号编排时对应的编号，在第二章第三节中有具体描述。

3. 城市/机场三字代码

我国大部分城市都只有一个机场在运营，因此大多数机场直接使用城市三字代码来表示。如：广州的城市代码为CAN，广州白云国际机场也可用CAN来表示。而在有多个机场运营的城市，各个机场使用的是各自的机场代码（表2-1）。国内城市、机场三字代码见表2-2。

城市代码与机场代码　　表2-1

城　　市	城市代码	机　　场	机场代码
上海	SHA	上海虹桥国际机场	SHA
		上海浦东国际机场	PVG
北京	BJS	北京首都国际机场	PEK
		北京大兴国际机场	PKX
西安	SIA	西安咸阳国际机场	XIY

国内部分城市/机场三字代码　　表2-2

三字代码	城市/机场	所属省（区、市）	三字代码	城市/机场	所属省（区、市）
AAT	阿勒泰	新疆	CSX	长沙	湖南
AKA	安康	陕西	CTU	成都	四川
AKU	阿克苏	新疆	CZX	常州	江苏
AQG	安庆	安徽	DAT	大同	山西
BAV	包头	内蒙古	DAX	达州	四川
BHY	北海	广西	DDG	丹东	辽宁
BJS	北京	北京	DIG	迪庆	云南
BSD	保山	云南	DLC	大连	辽宁
CAN	广州	广东	DLU	大理	云南
CGD	常德	湖南	DNH	敦煌	甘肃
CGO	郑州	河南	DYG	张家界	湖南
CGQ	长春	吉林	ENH	恩施	湖北
CHG	朝阳	辽宁	ENY	延安	陕西
CHW	酒泉	甘肃	FUG	阜阳	安徽
CIF	赤峰	内蒙古	FOC	福州	福建
CIH	长治	山西	GHN	广汉	四川
CKG	重庆	重庆	GOQ	格尔木	青海

续上表

三字代码	城市/机场	所属省(区、市)	三字代码	城市/机场	所属省(区、市)
HAK	海口	海南	KWL	桂林	广西
HEK	黑河	黑龙江	LHW	兰州	甘肃
HET	呼和浩特	内蒙古	LJG	丽江	云南
HFE	合肥	安徽	LNJ	临沧	云南
HGH	杭州	浙江	LXA	拉萨	西藏
HHA	长沙黄花国际机场	湖南	LYA	洛阳	河南
HKG	香港	香港	LYG	连云港	江苏
HLD	海拉尔	内蒙古	LYI	临沂	山东
HLH	乌兰浩特	内蒙古	LZH	柳州	广西
HNY	衡阳	湖南	LZO	泸州	四川
HRB	哈尔滨	黑龙江	MDG	牡丹江	黑龙江
HSN	舟山	浙江	MFM	澳门	澳门
HTN	和田	新疆	MIG	绵阳	四川
HYN	黄岩	浙江	MXZ	梅州	广东
HZG	汉中	陕西	NAO	南充	四川
INC	银川	宁夏	NDG	齐齐哈尔	黑龙江
IQM	且末	新疆	NGB	宁波	浙江
JDZ	景德镇	江西	NKG	南京	江苏
JGN	嘉峪关	甘肃	NNG	南宁	广西
JGS	井冈山	江西	NNY	南阳	河南
JHG	西双版纳	云南	NTG	南通	江苏
JIL	吉林	吉林	PEK	北京首都国际机场	北京
JIU	九江	江西	PKX	北京大兴国际机场	北京
JJN	泉州	福建	PVG	上海浦东国际机场	上海
JMU	佳木斯	黑龙江	PZI	攀枝花	四川
JNZ	锦州	辽宁	SHA	上海虹桥国际机场	上海
JUZ	衢州	浙江	SHE	沈阳	辽宁
JZH	九寨沟	四川	SHP	秦皇岛	河北
KCA	库车	新疆	SHS	荆州	湖北
KHG	喀什	新疆	SIA	西安	陕西
KHN	南昌	江西	SJW	石家庄	河北
KMG	昆明	云南	SWA	汕头	广东
KOW	赣州	江西	SYM	思茅	云南
KRL	库尔勒	新疆	SYX	三亚	海南
KRY	克拉玛依	新疆	SZX	深圳	广东
KWE	贵阳	贵州	TAO	青岛	山东

续上表

三字代码	城市/机场	所属省(区、市)	三字代码	城市/机场	所属省(区、市)
TCG	塔城	新疆	XFN	襄樊	湖北
TGO	通辽	内蒙古	XIC	西昌	四川
TNA	济南	山东	XIL	锡林浩特	内蒙古
TNH	通化	吉林	XIY	西安咸阳国际机场	陕西
TPE	台北	台湾	XMN	厦门	福建
TSN	天津	天津	XNN	西宁	青海
TXN	黄山	安徽	XUZ	徐州	江苏
TYN	太原	山西	YBP	宜宾	四川
URC	乌鲁木齐	新疆	YNZ	盐城	江苏
UYN	榆林	陕西	YIH	宜昌	湖北
WEF	潍坊	山东	YIN	伊宁	新疆
WEH	威海	山东	YIW	义乌	浙江
WNZ	温州	浙江	YNJ	延吉	吉林
WUH	武汉	湖北	YNT	烟台	山东
WUS	武夷山	福建	ZHA	湛江	广东
WUX	无锡	江苏	ZUH	珠海	广东
WXN	万县	四川	ZYI	遵义	贵州

二、国际航空地理

(一)两个半球

全球被划分为两个半球。东半球(Eastern Hemisphere，EH)，西经20°向东至东经160°，包括欧洲、非洲、亚洲、大洋洲及各洲的附属岛屿。西半球(Western Hemisphere，WH)，西经20°向西至东经160°，包括南美洲、北美洲及其附属岛屿。

(二)国际时间换算(International Time Calculator)

地球自西向东自转，东边比西边先看到太阳，东边的时间也比西边的早。东边时刻与西边时刻的差值不仅要以时计，而且还要以分和秒来计算，这给人们带来不便。

为了克服时间上的混乱，将全球划分为24个时区(东、西各12个时区)。规定英国(格林尼治天文台旧址)为中时区(零时区)，东1～12区，西1～12区。每个时区横跨经度15°，时间正好是1h(图2-1)。相邻两个时区的时间相差1h。例如，我国东八区的时间总比泰国东七区的时间早1h，而比日本东九区的时间迟1h。因此，出国旅行的人，必须随时调整自己的手表，才能和当地时间相一致。凡向西走，每过一个时区，就要把表拨慢1h(比如2点拨到1点)；凡向东走，每过一个时区，就要把表拨快1h(比如1点拨到2点)。并且规定英国(格林尼治天文台旧址)为本初子午线，即零时(24时)经线。

图2-1 世界时区

现今全球共分为24个时区。但实际上常常1个国家或1个省份同时跨两个或更多时区。例如，我国幅员宽广，差不多跨5个时区，为了使用方便、简单，实际上现在只用东八时区的标准时间，即北京时间为准。

由于航空公司航班时间表上的起飞和降落时间均是当地时间，而两个不同城市之间时区可能不同，飞行时间就无法直接用到达时间减去起飞时间来表示，因此，要计算实际飞行时间，就必须将所有时间先调整成格林尼治标准时间（Greenwich Mean Time，简称 GMT），再加以换算成实际飞行时间。

北京与GMT时差为+8。部分国家（地区）与北京和GMT间的时差见表2-3。

部分国家（地区）与北京、GMT时差　　表2-3

国　家		与北京时差（h）	与GMT时差（h）
日本（Japan）		+1	+9
印度尼西亚（Indonesia）		0	+8
新加坡（Singapore）		0	+8
加拿大（Canada）	东部时区 多伦多（Toronto）	−13	−5
		−12（4—10月）	−4
	太平洋时区 温哥华（Vancouver）	−16	−8
		−15（4—10月）	−7
美国（U.S.A.）	东部时间区 纽约（New York）	−13	−5
		−12（4—10月）	−4
	中央时区 芝加哥（Chicago）	−14	−6
		−13（4—10月）	−5
美国（U.S.A.）	山区时区 盐湖城（Salt Lake City）	−15	−7
		−14（4—10月）	−6
	太平洋时区 洛杉矶（Los Angeles）	−16	−8
		−15（4—10月）	−7
	阿拉斯加时区 安克拉治（Anchorage）	−17	−9
		−16（4—10月）	−8
	夏威夷时区 檀香山（Honolulu）	−18	−10
		−17（4—10月）	−9
法国（France）		−7	+1
		−6（3—9月）	+2
芬兰（Finland）		−6	+2
		−5（4—10月）	+3
英国（Great Britain）格林尼治标准时间		−8	0
		−7（3—10月）	+1
荷兰（Netherlands）		−7	+1
		−6（3—9月）	+2

续上表

国家		与北京时差(h)	与GMT时差(h)
奥地利(Austria)		−7	+1
		−6(3—9月)	+2
意大利(Italy)		−7	+1
		−6(3—9月)	+2
德国(Germany)		−7	+1
		−6(3—9月)	+2
新西兰(New Zealand)		+4	+12
		+5(10月—次年3月)	+13
澳大利亚(Australia)	东部时区 悉尼(Sydney)	+2	+10
		+3(9月—次年3月)	+11
	中央时区 阿得雷德(Adelaide)	+1.5	+9.5
		+2.5(9月—次年3月)	+10.5
	西部时区 伯斯(Perth)	+0	+8
		+1(9月—次年4月)	+9
关岛(Guam)		+2	+10

注:表中某国家或地区时差如分两行显示,则上一行为当地标准时钟时间,下一行为当地夏令制时间。为了节约日照,大部分欧美国家(北半球,在3—11月;南半球,11月—次年3月)普遍实施夏令制。夏令制期间,当地时间在当地标准时间上拨快1h,如意大利当地标准时钟时间为东1区,在夏令制期间,统一用东2区的时间。

计算区时的方法如下:

计算区时=已知区时-(已知区时的时区-要计算区时的时区)

注:东时区为正,西时区为负。

【例2-1】已知东京(东9区)时间为5月1日12:00,求北京(东八区)的区时。

北京时间=12:00-(9−8)=11:00(即北京时间为5月1日11:00)。

【例2-2】已知北京时间为5月1日12:00,求伦敦(中时区)的区时。

5月伦敦使用夏令制,与北京时差为8−1=7(h);

伦敦夏令制时间=12:00-(8−1)=5:00(即伦敦夏令制时间为5月1日5:00)。

【例2-3】已知北京时间为5月1日11:00,求纽约(西五区)的区时。

5月纽约使用夏令制,与北京时差为8-(−5+1)=12(h);

纽约夏令制时间=11:00−[8−(−5+1)]=−1:00+24:00−1天=23:00(即纽约夏令制时间为4月30日的23:00)。

注:当算出的区时为负数时,应加上24:00,日期减一天,即从5月1日变为4月30日。

小链接

时差综合征

天气很好，您可以参加会议或开始度假了，但是您却觉得十分疲劳。这就是时差综合征的症状，也是经过长途飞行之后很多旅客都会有的一种常见现象。因为太阳还在照耀，您的身体就以为您还在自己的国家呢，可实际上您的祖国现在有可能已经是半夜了，或者是凌晨时分。

原因：人的活动周期通常是24个小时。当我们进入睡眠以后，心脏和呼吸频率都会放慢，血压也会下降，肌肉松弛，大脑和心理活动同时大大减少。在很短的时间里迅速移动到另外一个时区，这将扰乱人的正常生活规律，它不仅打乱了人的睡眠规律，还打乱了以24个小时为周期的身体其他功能和活动规律。

症状：最常见的症状就是疲劳、反应变慢、记忆力衰退、精神无法集中等。由于无法保证正常的睡眠时间，有些人会觉得筋疲力尽、头疼、头晕。一般情况下，向东飞的旅客比较容易有时差综合征，这是因为人体内的生物钟一般比较容易适应超过24个小时的周期。因此，如果你从东往西飞(如从德国飞往美国)，白天变长了，人体生物钟比较容易调整过来。向西飞行的旅客比向东飞行(如从德国到泰国)的旅客对新时区的调整适应速度要快近20%，因为向东飞行就意味着会“损失”几个小时的时间。

缓解时差综合征症状的一般性建议如下：

飞行期间：登机之后立即将手表时间调成目的地国家的时间，这将帮助您从心理上及早准备好面对新的时间规律。

到达目的地之后：

(1)尽量适应目的地的日常规律，即应该在当地人用餐的时候用餐，等太阳落山之后再上床睡觉。

(2)到达之后的第一天晚上要尽量保证充足的睡眠。

(3)到达目的地之后最初两天时间里，尽量避免激烈的活动，让身体有足够的时间适应新的生活规律。

(4)尽量不要服用安眠药和褪黑激素，因为这些药物会让人体器官更加困惑。

(5)尽量多在户外活动，自然光线能够帮助身体更快适应周围的新环境。

(6)如果是短途旅行，尽量保持在自己国家的日夜生活规律，因为这样可以避免产生双重时差综合征。

(7)如果可能的话，旅行结束之后在家里待上一到两天时间，这将帮助您放松自己，重新习惯自己国家的正常生活规律。

(三)各洲主要城市及机场代码

1. 亚洲

亚洲主要城市及机场代码见表2-4。

亚洲主要城市及机场代码 表2-4

城市名		三字代码	机场名	机场代码	国家
Jakarta	雅加达	JKT	Soekarno 苏加诺	CGK	印度尼西亚
Bali	巴厘岛	DPS	Denpasar 登巴萨	DPS	印度尼西亚
Surabaya	泗水	SUB			印度尼西亚
Osaka	大阪	OSA	Kansai 关西	KIX	日本
Tokyo	东京	TYO	Haneda 羽田	HND	日本
			Narita 成田	NRT	日本
Seoul	首尔	SEL	Incheon 仁川	ICN	韩国
Pusan	釜山	PUS			韩国
Pyongyang	平壤	FNJ			朝鲜
Ulan Bator	乌兰巴托	ULN			蒙古
Rangoon	仰光	RGN			缅甸
Kathmandu	加德满都	KTM			尼泊尔
Karachi	卡拉奇	KHI			巴基斯坦
Manila	马尼拉	MNL			菲律宾
Singapore	新加坡	SIN			新加坡
Kuala Lumpur	吉隆坡	KUL			马来西亚
Bangkok	曼谷	BKK			泰国
Hanoi	河内	HAN			越南
Ho Chi Minh City	胡志明市	CGN			越南
Vientiane	万象	VTE			老挝
Kabul	喀布尔	KBL			阿富汗
Dhaka	达卡	DAC			孟加拉国
Bandar Seri Begawan	斯里巴加湾	BWN			文莱
Colombo	科隆坡	CMB			斯里兰卡
Mumbai	孟买	BOM			印度
Calcutta	加尔各答	CCU			印度
Delhi	德里	DEL			印度
Abu Dhabi	阿布扎比	AUH			阿联酋
Amman	阿曼	AMM			约旦
Beirut	贝鲁特	BEY			黎巴嫩
Bahrain	巴林	BAH			巴林
Erbil	艾比尔	EBL			伊拉克
Dubai	迪拜	DXB			阿联酋

续上表

城市名		三字代码	机场名	机场代码	国家
Doha	多哈	DOH			卡塔尔
Damascus	大马士革	DAM			叙利亚
Jeddah	吉达	JED			沙特阿拉伯
Muscat	马斯喀特	MCT			阿曼
Riyadh	利雅得	RUH			沙特阿拉伯
Tehran	德黑兰	THR	Iman Khomeini伊玛目·霍梅尼	IKA	伊朗
Tel Aviv	特拉维夫	TLV			以色列

注：表中“机场名”及“机场代码”栏，仅列出与城市名和城市三字代码不同的机场。表2-5～表2-9同理。

2. 欧洲

欧洲主要城市及机场代码见表2-5。

欧洲主要城市及机场代码　　表2-5

城市名		三字代码	机场名	机场代码	国家	
Aberdeen	阿伯丁	ABZ			British	英国
Amsterdam	阿姆斯特丹	AMS			Netherlands	荷兰
Antwerp	安特卫普	ANR			Belgium	比利时
Athens	雅典	ATH			Greece	希腊
Barcelona	巴塞罗那	BCN			Spain	西班牙
Basel	巴塞尔	BSL			Switzerland	瑞士
Belfast	贝尔法斯特	BFS			British	英国
Berlin	柏林	BER	Tegel泰格尔	TXL	Germany	德国
			Tempelhof坦佩尔霍夫	THF		
			Schoenenfeld舍内费尔德	SXF		
Berne	伯尔尼	BRN			Switzerland	瑞士
Birmingham	伯明翰	BHX			British	英国
Bologna	波隆那	BLQ			Italy	意大利
Bristol	布里斯托	BRS			British	英国
Bremen	不来梅	BRE			Germany	德国
Brussels	布鲁塞尔	BRU			Belgium	比利时
Bucharest	布加勒斯特	BUH	Otopeni奥托佩尼	OTP	Romania	罗马尼亚
Budapest	布达佩斯	BUD			Hungary	匈牙利
Cardiff	卡迪夫	CWL			British	英国
Cologne	科隆	CGN			Germany	德国
Copenhagen	哥本哈根	CPH			Denmark	丹麦

续上表

城　市　名		三字代码	机　场　名	机场代码	国　家	
Cork	科克	ORK			Ireland	爱尔兰
Dortmund	多特蒙德	DTM			Germany	德国
Dresden	德累斯顿	DRS			Germany	德国
Dublin	都柏林	DUB			Ireland	爱尔兰
Dusseldorf	杜塞尔多夫	DUS			Germany	德国
Edinburgh	爱丁堡	EDI			British	英国
Eindhoven	埃因霍芬	EIN			Netherlands	荷兰
Frankfurt	法兰克福	FRA			Germany	德国
Geneva	日内瓦	GVA			Switzerland	瑞士
Glasgow	格拉斯哥	GLA			British	英国
Gothenburg	哥德堡	GOT			Sweden	瑞典
Hamburg	汉堡	HAM			Germany	德国
Hanover	汉诺威	HAJ			Germany	德国
Helsinki	赫尔辛基	HEL			Finland	芬兰
Humberside	亨伯塞德	HUY			British	英国
Innsbruck	因斯布鲁克	INN			Austria	奥地利
Istanbul	伊斯坦布尔	IST			Turkey	土耳其
Jersey	泽西	JER			British	英国
Kiev	基辅	IEV	Boryspil 鲍里斯波尔	KBP	Ukrainee	乌克兰
Leeds	利滋	LBA			British	英国
Leipzig	莱比锡	LEJ			Germany	德国
Lisbon	里斯本	LIS			Portugal	葡萄牙
London	伦敦	LON	Heathrow 希思罗	LHR	British	英国
			Gatwick 盖特威克	LGW		
			London City 伦敦城市	LCY		
			Luton 卢顿	LTN		
			Stansted 斯坦斯特德	STN		
Luxembourg	卢森堡	LUX			Luxembourg	卢森堡
Lyon	里昂	LYS			France	法国
Maastricht	马斯特里赫特	MST			Netherlands	荷兰
Madrid	马德里	MAD			Spain	西班牙
Malmo	马尔默	MMA	Sturup 斯图鲁	MMX	Sweden	瑞典
Malta	马耳他	MLA			Malta	马耳他

续上表

城市名		三字代码	机场名	机场代码	国家	
Manchester	曼彻斯特	MAN			British	英国
Milan	米兰	MIL	Linate 米兰利特	LIN	Italy	意大利
			Malpensa 马尔彭萨	MXP		
Moscow	莫斯科	MOW	Sheremetyevo 谢列梅捷沃	SVO	Russia	俄罗斯
Munich	慕尼黑	MUC			Germany	德国
New Castle	纽卡斯	NCL			British	英国
Nice	尼斯	NCE			France	法国
Norwich	诺里奇	NWI			British	英国
Nuremberg	纽伦堡	NUE			Germany	德国
Oslo	奥斯陆	OSL	Fornebu	FBU	Norway	挪威
Paris	巴黎	PAR	Ch De Gaulle 戴高乐	CDG	France	法国
			Orly 奥利	ORY		
Prague	布拉格	PRG			Czech	捷克
Rome	罗马	ROM	Fiumicino 菲乌米奇偌	FCO	Italy	意大利
Salzburg	萨尔斯堡	SZG			Austria	奥地利
Stockholm	斯德哥尔摩	STO	Arlanda 阿兰达	ARN	Sweden	瑞典
Southampton	南开普顿	SOU			British	英国
Stuttgart	斯图加特	STR			Germany	德国
St.Petersburg	圣彼得堡	LED			Russia	俄罗斯
Teesside	提兹塞德	MME			British	英国
Toulouse	图卢兹	TLS			France	法国
Turin	都灵	TRN			Italy	意大利
Venice	威尼斯	VCE			Italy	意大利
Vienna	维也纳	VIE			Austria	奥地利
Warsaw	华沙	WAW			Poland	波兰
Zurich	苏黎世	ZRH			Switzerland	瑞士

3. 北美洲

北美洲主要城市及机场代码见表2-6。

北美洲主要城市及机场代码　　表2-6

城市名		三字代码	机场名	机场代码	国家
Albany	奥尔巴尼	ALB			美国
Atlanta	亚特兰大	ATL			美国
Austin	奥斯汀	AUS			美国
Baltimore	巴尔的摩	BWI			美国

续上表

城市名		三字代码	机场名	机场代码	国家
Birmingham	伯明翰	BHM			美国
Boston	波士顿	BOS			美国
Buffalo	布法罗	BUF			美国
Charlotte	夏洛特	CLT			美国
Chicago	芝加哥	CHI	O' hare 奥黑尔	ORD	美国
Cincinnati	辛辛那提	CVG			美国
Cleveland	克利夫兰	CLE			美国
Columbus OH	哥伦布	CMH			美国
Dallas/FT.Worth	达拉斯	DFW			美国
Denver	丹佛	DEN			美国
Detroit	底特律	DTT	Metropolition 大都会	DTW	美国
Guam	关岛	GUM			美国
Hartford	哈特福德	BDL			美国
Honolulu	火奴鲁鲁	HNL			美国
Houston	休斯敦	HOU	Bush 布什	IAH	美国
Indianapolis	印第安纳波利斯	IND			美国
Kansas City	堪萨斯城	MCI			美国
Las Vegas	拉斯维加斯	LAS			美国
Lexington	列克星敦	LEX			美国
Lincoln	林肯	LNK			美国
Los Angeles	洛杉矶	LAX			美国
Memphis	孟菲斯	MEM			美国
Miami	迈阿密	MIA			美国
Milwaukee	密尔沃基	MKE			美国
Minneapolis	明尼阿波利斯	MSP			美国
Nashville	纳什维尔	BNA			美国
New York	纽约	NYC	Newark 纽瓦克	EWR	美国
			Kennedy 肯尼迪	JFK	美国
			Laguardia 拉瓜迪亚	LGA	美国
New Orlenas	新奥尔良	MSY			美国
Oakland	奥克兰	OAK			美国
Orlando	奥兰多	MCO			美国
Philadelphia	费城	PHL			美国
Phoenix	凤凰城	PHX			美国

续上表

城市名		三字代码	机场名	机场代码	国家
Pittsburgh	匹兹堡	PIT			美国
Rochester	罗切斯特	ROC			美国
Saipan	塞班	SPN			美国
Salt Lake City	盐湖城	SLC			美国
San Antonio	圣安东尼	SAT			美国
San Francisco	旧金山	SFO			美国
San Jose	圣何塞	SJC			美国
Seattle	西雅图	SEA			美国
SN Diego	圣地亚哥	SAN			美国
St.Louis	圣路易斯	STL			美国
Washington DC	华盛顿	WAS	Dulles 杜勒斯	IAD	美国
			National 国家	DCA	美国
Calgary	加尔加里	YYC			加拿大
Edmonton	埃德蒙顿	YEA		YEG	加拿大
Montreal	蒙特利尔	YMQ	Dorval 多尔瓦	YUL	加拿大
Ottawa	渥太华	YOW			加拿大
Toronto	多伦多	YTO	Pearson 皮尔森	YYZ	加拿大
Vancouver	温哥华	YVR			加拿大
Victoria	维多利亚	YYJ			加拿大
Mexico City	墨西哥城	MEX		Mexico	墨西哥

4. 南美洲及中美洲

南美洲及中美洲主要城市及机场代码见表2-7。

南美洲及中美洲主要城市及机场代码　　表2-7

城市名		三字代码	机场名	机场代码	国家	
Aruba	阿鲁巴	AUA			Aruba	阿鲁巴
Asuncion	亚松森	ASU			Paraguay	巴拉圭
Bogota	波哥达	BOG			Colombia	哥伦比亚
Buenos Aires	布宜诺斯艾利斯	BUE	Ministro Pistarini 埃塞萨	EZE	Argentina	阿根廷
Caracas	卡尔卡斯	CCS			Venezuela	委内瑞拉
Curacao	库拉索	CUR			Antilles	安的列斯
Guatemala City	危地马拉城	GUA			Guatemala	危地马拉
Guayaquil	瓜亚基尔	GYE			Ecuador	厄瓜多尔

续上表

城市名		三字代码	机场名	机场代码	国家	
Kingston	金斯敦	KIN			Jamaica	牙买加
La Paz	拉巴兹	LPB			Bolivia	玻利维亚
Lima	利马	LIM			Peru	秘鲁
Montevide	蒙得维的亚	MVD			Uruguay	乌拉圭
Nassau	拿骚	NAS			Bahamas	巴哈马
Paramaribo	帕拉马里博	PBM			Surinam	苏里南
Quito	几多	UIO			Ecuador	厄瓜多尔
Rio De Janeiro	里约热内卢	RIO			Brazil	巴西
Sao Paulo	圣保罗	SAO	Sao Paulo 圣保罗	GRU	Brazil	巴西
			Campinas 坎皮纳斯	VCP		
Santiago	圣地亚哥	SCL			Chile	智利

5. 非洲

非洲主要城市及机场代码见表2-8。

非洲主要城市及机场代码　　表2-8

城市名		三字代码	机场名	机场代码	国家	
Accra	阿克拉	ACC			Ghana	加纳
Abidjan	阿比让	ABJ			Cote Divoire	科特迪瓦
Addis Ababa	亚的斯亚贝巴	ADD			Ethiopia	埃塞俄比亚
Algiers	阿尔及尔	ALG			Algeria	阿尔及利亚
Cairo	开罗	CAI			Egypt	埃及
Capetown	开普敦	CPT			South Africa	南非
Casablanca	卡萨布兰卡	CAS	Mohammed 穆罕默德	CMN	Morocco	摩洛哥
Conakry	康纳克里	CKY			Guinea	几内亚
Dar Es Salaam	达累斯萨拉姆	DAR			Tanzania	坦桑尼亚
Dakar	达卡	DKR			Senegal	塞内加尔
Freetown	自由城	FNA			Sierra Leone	塞拉利昂
Harare	哈拉雷	HRE			Zimbabwe	津巴布韦
Johannesburg	约翰内斯堡	JNB			South Africa	南非
Khartoum	喀土穆	KRT			Sudan	苏丹
Kano	卡诺	KAN			Nigeria	尼日利亚
Lome	洛美	LFW			Togo	多哥
Lagos	拉各斯	LOS			Nigeria	尼日利亚
Lusaka	卢萨卡	LUN			Zambia	赞比亚

续上表

城市名		三字代码	机场名	机场代码	国家	
Nairobi	内罗毕	NBO			Kenya	肯尼亚
Gaborone	哈博罗内	GBE			Botswana	博茨瓦纳
Ouagadougou	瓦加杜古	OUA			Burkina Faso	布基纳法索
Tripoli	的黎波里	TIP			Libya	利比亚
Nouakchott	努瓦克肖特	NKC			Mauritania	毛里塔尼亚
Mahe Island	马埃岛	SEZ			Seychelles	塞舌尔
Tunis	突尼斯	TUN			Tunisia	突尼斯
Entebbe	恩德培	EBB			Uganda	乌干达
Alexandria	亚历山大港	HBE			Egypt	埃及

6. 大洋洲

大洋洲主要城市及机场代码见表2-9。

大洋洲主要城市及机场代码　　表2-9

城市名		三字代码	国家	
Adelaide	阿德莱德	ADL	Australia	澳大利亚
Brisbane	布里斯班	BNE	Australia	澳大利亚
Canberra	堪培拉	CBR	Australia	澳大利亚
Melbourne	墨尔本	MEL	Australia	澳大利亚
Perth	珀斯	PER	Australia	澳大利亚
Sydney	悉尼	SYD	Australia	澳大利亚
Auckland	奥克兰	AKL	New Zealand	新西兰
Christchurch	基督城	CHC	New Zealand	新西兰

第二节 航空公司

引例　春秋航空——中国低成本的“探路人”

上海首家民营航空公司——春秋航空股份有限公司(以下简称春航)终于得到了升空的最后通行证——《航空承运人运行合格证》。2005年7月18日上午8时50分，春航的首个航班满载180名旅客从上海虹桥国际机场直飞烟台。这家航空公司的第一架飞机是一架空客A320,于2005年7月12日从莲花航空公司购得。同日,春航上海至桂林的航线也一同启航。

作为一家低成本航空公司,为节约成本,春航鼓励旅客从其网站购票,对旅客可免费携带的行李重量及体积做了较其他航空公司更为严格的限制,简化了机票和登机牌。同时在飞机上,春航不提供免费的机上膳食和饮料(初期提供免费瓶装水,但现已改为收费)。旅客如有需要,可购买便餐及饮料。春航有时还会在飞行过程中进行名为"空中商城"的推销活动(深夜航班上除外)。此外,春秋航空还曾尝试推出"站票",通过改装座椅缩短前后排间距,以增加约40%的载客量,但该计划因安全问题而搁浅。

一、国内主要客运航空公司

1. 中国国际航空股份有限公司(中央直属企业,国旗承运人)

简称:国航(图2-2)
总部:北京
主运营基地:北京首都国际机场,成都双流国际机场
IATA代码:CA(大连航空有限责任公司为国航控股子公司,也用CA代码)
主力机型:空客A319、A320、A330、A340;波音B737、B747、B777

图2-2 国航

2. 中国东方航空集团有限公司(中央直属企业)

简称:东航(图2-3)
总部:上海
主运营基地:上海浦东国际机场,上海虹桥国际机场
IATA代码:MU
主力机型:空客A319、A320、A330、A340;波音B737、B777

图2-3　东航

3. 中国南方航空集团有限公司(中央直属企业)

简称:南航(图2-4)
总部:广州
主运营基地:广州白云国际机场,北京首都国际机场
IATA代码:CZ
机型:空客A319、A320、A330、A380;波音B737、B757、B777、B787;ERJ190

图2-4　南航

4. 海南航空控股股份有限公司(地方国企)

简称:海航(图2-5)
总部:海口
主运营基地:海口美兰国际机场
IATA代码:HU(山西航空、长安航空、中国新华航空为海航控股子公司,也使用HU代码)
机型:空客A330;波音B737、B767、B787

图2-5 海航

5. **深圳航空有限责任公司**(地方国企,现国航控股)

简称:深航(图2-6)
总部:深圳
主运营基地:深圳宝安国际机场
IATA代码:ZH
机型:空客A319、A320;波音B737、B747

图2-6 深航

6. **上海航空股份有限公司**(地方国企,现并入东航)

简称:上海航空(图2-7)
总部:上海
主运营基地:上海浦东国际机场,上海虹桥国际机场
IATA代码:FM
机型:空客A330;波音B737、B767

图2-7　上海航空

7. **厦门航空有限公司**（地方国企）

简称：厦门航空（图2-8）
总部：厦门
主运营基地：厦门高崎国际机场，福州长乐国际机场
IATA代码：MF
机型：波音B737、B757、B787

图2-8　厦门航空

8. **四川航空股份有限公司**（地方国企）

简称：四川航空（图2-9）
总部：成都
主运营基地：成都双流国际机场
IATA代码3U
机型：空客A319、A320、A321、A330

图2-9　四川航空

9. **山东航空股份有限公司**(地方国企,现国航控股)

简称:山东航空(图2-10)
总部:济南
主运营基地:济南遥墙国际机场
IATA代码:SC
机型:波音B737;庞巴迪CRJ700

图2-10　山东航空

10. **奥凯航空有限公司**(民营航空)

简称:奥凯航空(图2-11)
总部:北京
主运营基地:天津滨海国际机场
IATA代码:BK
机型:波音B737;新舟6

图2-11　奥凯航空

11. 春秋航空股份有限公司（民营低成本航空）

简称：春秋航空（图2-12）
总部：上海
主运营基地：上海虹桥国际机场
IAT代码：9C
机型：空客A320

图2-12　春秋航空

12. 重庆航空有限公司（地方航空公司，南航控股）

简称：重庆航空（图2-13）
总部：重庆
主运营基地：重庆江北国际机场
IATA代码：OQ
机型：空客A319、A320

图2-13　重庆航空

13. **河北航空有限公司**(川航控股,原名东北航空公司)

简称:河北航空(图2-14)
总部:石家庄
主运营基地:石家庄正定国际机场
IATA代码:NS
机型:波音B737;ERJ-145、ERJ-190

图2-14　河北航空

14. **华夏航空股份有限公司**(中外合资的支线航空公司)

简称:华夏航空(图2-15)
总部:重庆
主运营基地:重庆江北国际机场
ATA代码:G5
机型:庞巴迪CRJ900

图2-15　华夏航空

15. 北京首都航空有限公司（海航参股，前身为金鹿航空公司）

简称：首都航空（图2-16）
总部：北京
主运营基地：北京首都国际机场
IATA代码：JD
机型：空客A319、A320、A330；公务机湾流系列

图2-16　首都航空

16. 鲲鹏航空有限公司（深航参股，曾名河南航空）

简称：鲲鹏航空（图2-17）
总部：郑州
主运营基地：郑州新郑国际机场
IATA代码：VD
机型：庞巴迪CRJ-200；EMB190

图2-17　鲲鹏航空

17. 上海吉祥航空股份有限公司(民营航空)

简称:吉祥航空(图2-18)
总部:上海
主运营基地:上海虹桥国际机场,上海浦东国际机场
IATA代码:HO
机型:空客A320、A321

图2-18　吉祥航空

18. 天津航空有限责任公司(海航参股,支线航空,原大新华快运)

简称:天津航空(图2-19)
总部:天津
主运营基地:天津滨海国际机场
IATA代码:GS
机型:空客A320;ERJ-145、ERJ-191

图2-19　天津航空

19. 西部航空有限责任公司（海航集团参股的民营低成本航空公司）

简称：西部航空（图2-20）
总部：重庆
主运营基地：重庆江北国际机场
IATA代码：PN
机型：空客A319、A320

图2-20　西部航空

20. 成都航空有限公司（国有合资，前身为鹰联航空）

简称：成都航空（图2-21）
总部：成都
主运营基地：成都双流国际机场
IATA代码：EU
机型：空客A319、A320；ARJ21

图2-21　成都航空

21. 中国联合航空有限公司(东航全资子公司)

简称:中国联航(图2-22)
总部:北京
主运营基地:北京大兴国际机场
IATA代码:KN
机型:空客A319;波音B737

图2-22　中国联航

22. 云南祥鹏航空有限责任公司(海航集团控股)

简称:祥鹏航空(图2-23)
总部:昆明
主运营基地:昆明长水国际机场
IATA代码:8L
机型:空客A319、A320;波音B737

图2-23　祥鹏航空

23. 昆明航空有限公司（深航控股）

简称：昆明航空（图2-24）
总部：昆明
主运营基地：昆明长水国际机场
IATA代码：KY
机型：波音B737

图2-24　昆明航空

24. 幸福航空有限责任公司（东航参股）

简称：幸福航空（图2-25）
总部：西安
主运营基地：西安咸阳国际机场
IATA代码：JR
机型：国产新舟60；ARJ21

图2-25　幸福航空

25. 西藏航空有限公司(地方国企)

简称:西藏航空(图2-26)
总部:拉萨
主运营基地:拉萨贡嘎国际机场
IATA代码:TV
机型:空客A319

图2-26　西藏航空

26. 青岛航空股份有限公司(民营航空)

简称:青岛航空(图2-27)
总部:青岛
主运营基地:青岛流亭国际机场
IATA代码:QW
机型:空客A320

图2-27　青岛航空

27. 九元航空有限公司（吉祥控股的民营低成本航空公司）

简称：九元航空（图2-28）
总部：广州
主运营基地：广州白云国际机场
IATA代码：AQ
机型：波音B737

图2-28　九元航空

28. 金鹏航空股份有限公司（海航集团控股，前身为扬子江航空公司）

简称：金鹏航空（图2-29）
总部：上海
主运营基地：上海浦东国际机场
IATA代码：Y8
机型：波音B737、B747F（货机）

图2-29　金鹏航空

29. **福州航空有限责任公司**(海航控股的地方航空公司)

简称:福州航空(图2-30)
总部:福州
主运营基地:福州长乐国际机场
IATA代码:FU
机型:波音B737

图2-30　福州航空

30. **浙江长龙航空有限公司**(原货运航空公司)

简称:长龙航空(图2-31)
总部:杭州
主运营基地:杭州萧山国际机场
IATA代码GJ
机型:空客A320;波音B737

图2-31　长龙航空

31. **瑞丽航空有限公司**（民营航空公司）

简称：瑞丽航空（图2-32）
总部：昆明
主运营基地：昆明长水国际机场
IATA代码：DR
机型：波音B737

图2-32　瑞丽航空

32. **乌鲁木齐航空有限责任公司**（海航集团控股的低成本航空公司）

简称：乌鲁木齐航空（图2-33）
总部：乌鲁木齐
主运营基地：乌鲁木齐地窝堡国际机场
IATA代码：UQ
机型：波音B737

图2-33 乌鲁木齐航空

33. 国泰航空有限公司（港澳台航空公司）

简称：国泰航空（图2-34）
总部：香港
主运营基地：香港国际机场
IATA代码：CX
主力机型：空客A330、A350；波音B777、B747

图2-34 国泰航空

34. 香港航空有限公司（港澳台航空公司，海航集团子公司）

简称：香港航空（图2-35）
总部：香港
主运营基地：香港国际机场
IATA代码：HX
主力机型：空客A330、A320

图2-35　香港航空

35. 澳门航空股份有限公司（港澳台航空公司）

简称：澳门航空（图2-36）
总部：澳门
主运营基地：澳门国际机场
IATA代码：NX
主力机型：空客A321、A320、A319

图2-36　澳门航空

36. 台湾中华航空股份有限公司（港澳台航空公司）

简称：台湾华航（图2-37）
总部：台湾
主运营基地：台北桃园国际机场
IATA代码：CI
主力机型：空客A330、A350；波音B777、B747、B737

图2-37　台湾华航

37. 长荣航空股份有限公司(港澳台航空公司)

简称:长荣航空(图2-38)
总部:台湾
主运营基地:台湾桃园国际机场
IATA代码:BR
主力机型:空客A330、A321;波音B777、B747

图2-38　长荣航空

二、国际主要客运航空公司

国际主要客运航空公司见表2-10。

国际主要航空公司　　表2-10

航空公司	二字代码	英文全称
美国/美洲/美利坚航空公司	AA	American Airlines Inc.
柏林航空公司	AB	Air Berlin
加拿大航空公司	AC	Air Canada
法国航空公司	AF	Air France
印度航空公司	AI	Air-India
墨西哥航空公司	MX	Mexicana Airlines
阿根廷航空公司	AR	Aerolineas Argentinas

续上表

航空公司	二字代码	英文全称
芬兰航空公司	AY	Finnair
意大利航空公司	AZ	Alitalia
英国/大英/大不列颠航空公司	BA	British Airways
英伦/英国米德兰航空公司	BD	British Midland Airways
美国达美/三角航空公司	DL	Delta Airlines Inc.
阿联酋航空公司	EK	Emirates Airlines
印尼嘉鲁达航空公司	GA	Garuda Indonesia
巴林海湾航空公司	GF	Gulf Air Company G.S.C.
西班牙国家航空公司	IB	Iberia Airlines of Spain
伊朗航空公司	IR	Iran Air
日本航空公司	JL	Japan Airlines Co，Ltd.
西班牙航空公司	JK	Spanair S.A
大韩航空公司	KE	Korean Airlines Co，Ltd.
荷兰皇家航空公司	KL	KLM-Royal Dutch airlines
肯尼亚航空公司	KQ	Kenya Airways
智利航空公司	LA	LAN Airlines
德国汉莎航空公司	LH	Deutsche Lufthansa A.G.
瑞士航空公司	LX	Swiss Airlines
马来西亚航空公司	MH	Malaysian Airlines System
埃及航空公司	MS	Egypt air
全日空航空公司	NH	All Nippon Airways Co，Ltd.
新西兰航空公司	NZ	Air New Zealand
捷克航空公司	OK	Czech Airlines
奥地利航空公司	OS	Austrian Airlines
韩亚航空公司	OZ	Asiana Airlines
巴基斯坦航空公司	PK	Pakistan International Airlines
菲律宾航空公司	PR	Philippine Airlines
澳大利亚澳洲航空公司	QF	Qantas Airways Ltd.
卡塔尔航空公司	QR	Qatar Airways
皇家约旦航空公司	RJ	Royal Jordanian Airlines
南非航空公司	SA	South African Airways
北欧航空公司	SK	SAS（Scandinavian Airlines）
新加坡航空公司	SQ	Singapore Airlines Ltd.

续上表

航空公司	二字代码	英文全称
俄罗斯航空公司	SU	Aeroflot-Russian Int' l Airlines
沙特阿拉伯航空公司	SV	Saudi Arabian Airlines
泰国国际航空公司	TG	Thai Airways International Ltd.
土耳其航空公司	TK	Turkish Airways
葡萄牙航空公司	TP	TAP Air Portugal
美国联合航空公司	UA	United Airlines Inc.
斯里兰卡航空公司	UL	Srilankan Airlines
俄罗斯洲际航空公司	UN	Transaero Airlines
越南航空公司	VN	Vietnam Airlines
英国维珍航空公司	VS	Virgin Atlantic Airways Ltd.

第三节 国际民用航空组织与航空联盟

引例 南航加入天合联盟

2007年11月15日北京消息　今天上午，中国南方航空集团有限公司（以下简称南航）在北京人民大会堂举行隆重仪式，宣布正式加入天合联盟（图2-39）。这标志着南航成为中国首家加入世界航空联盟组织的航空公司，中国民航运输企业实现真正意义上与国际接轨，也标志着中国民航国际化进程迈出了重要一步。

图2-39　南航加入天合联盟

南航加入天合联盟后，天合联盟成员达到11家，合作成员3家，成为全球客运量最大的航空联盟。天合联盟每天航班量达16400个，航线网络通达全球841个目的地，连接162个国家和地区，每年为全球4.28亿旅客提供运输服务，每天有多个航班到达巴黎、纽约、东京、内罗毕、巴拿马城、首尔、莫斯科、北京、广州等中心城市，并通过天合联盟枢纽机场的便捷中转，到达全球八成以上的城市，为中国旅客前往全球各地提供了更多选择。南航加入天合联盟，是中国民航国际化战略的一部分，也是中国民航参与国际化竞争的“精彩之作”。南航加入天合联盟，是在全球化日益深入的大背景下顺应国际航空运输业联盟化、自由化的趋势，体现了南航积极参与国际合作的良好市场竞争意识，也象征着中国航空运输企业的国际化进程不断深入。南航顺利入盟，可以为中国民航运输企业提供一个与国际一流标准接轨的“样板”。

南航加入天合联盟是基于其自身发展的需要，也有利于国际合作伙伴深耕不断增长的中国市场。2020年1月1日起，南航正式退出天合联盟。南航与天合联盟将在过渡期内(2019年1月1日—2019年12月31日)继续紧密合作，确保对旅客和合作伙伴的顺利过渡。

一、国际民用航空组织

1. 国际民用航空组织ICAO（International Civil Aviation Organization）

国际民用航空组织(简称国际民航组织)是协调各国有关民航经济和法律义务，并制定各种民航技术标准和航行规则的国际组织。1944年，在美国芝加哥召开的国际民航会议，签订了《国际民用航空公约》(简称《芝加哥公约》)，并按国际民用航空临时协定设立了“临时国际民航组织”。1947年4月4日公约生效，“国际民航组织”正式成立，总部设在加拿大的蒙特利尔。

2. 国际航空运输协会IATA（International Air Transport Association）

国际航空运输协会是一个由世界各国航空公司所组成的大型国际组织，于1945年成立。其总部设在加拿大蒙特利尔，执行机构设在日内瓦。协会的宗旨是“为了世界人民的利益，促进安全、正常和经济的航空运输，扶植航空交通，并研究与此有关的问题”；“对于直接或间接从事国际航空运输工作的各空运企业提供合作的途径”；“与国际民航组织及其他国际组织协力合作”。凡国际民航组织成员国的任何空运企业，经其政府许可都可成为其会员。

二、航空联盟

联盟合作实质上就是放大化的代码共享合作。联盟成员航空公司的航班可实现“联网”运营和联程收入共同分配，从而使航空公司在不增加投资、不扩大机群的情况下，增加运力和扩展网络,并在旅客、营销、服务和产品、人力资源、行业沟通等各个方面实现对接。此外,联盟扩充了各公司的联合采购能力,在采购油料、飞机部件、购买飞机时能获得较低价格,从而降低航空公司的运营成本。

1. 星空联盟(Star Alliance)

星空联盟于1997年成立,是全球业界先举之措,能为顾客提供遍布全球各地的网络,提供完善的旅游体验。星空联盟网络每天提供超过18100趟航班到全球192个国家,共1330个目的地。其部分成员航空公司见表2-11。

星空联盟部分成员航空公司

表2-11

航空公司logo	航空公司名称		代码
	加拿大航空公司	Air Canada	AC
	中国国际航空公司	Air China	CA
	新西兰航空公司	Air New Zealand	NZ
	全日空航空公司	All Nippon Airways	NH
	韩亚航空公司	Asiana Airlines	OZ
	奥地利航空公司	Austrian Airlines	OS
	埃及航空公司	Egypt Air	MS
	波兰航空公司	Polish Airlines	LO
	德国汉莎航空公司	Deutsche Lufthansa A.G.	LH
	北欧航空公司	SAS	SK
	新加坡航空公司	Singapore Airlines	SQ

续上表

航空公司logo	航空公司名称		代码
SOUTH AFRICAN AIRWAYS	南非航空公司	South Africa	SA
Spanair	西班牙航空公司	Spanair S.A.	JK
swissair	瑞士航空公司	Swiss Airlines	LX
TAP	葡萄牙航空公司	Portugueses TAP Air Portugal	TP
THAI	泰国国际航空公司	Thai Airways	TG
TURKISH AIRLINES	土耳其航空公司	Turkish Airways	TK
UNITED	美国联合航空公司 *	United Airlines	UA

注：* 美国联合航空公司与美国大陆航空公司于2010年合并，合并后的公司沿用美国联合航空公司的名称。

2. 寰宇一家（Oneworld）

寰宇一家于1999年2月1日正式成立。由5家分属不同国家的大型国际航空公司发起结盟，其成员航空公司及其附属航空公司在航班时间、票务、代码共享、旅客转机、飞行常客计划、机场贵宾室以及降低支出等多方面进行合作。其部分成员航空公司见表2-12。

oneworld

寰宇一家部分成员航空公司　　表2-12

航空公司logo	航空公司名称		代码
American Airlines	美国航空公司 *	American Airline	AA
BRITISH AIRWAYS	英国航空公司	British Airways	BA
CATHAY PACIFIC	国泰航空公司	Cathay Pacific	CX

续上表

航空公司logo	航空公司名称		代码
	芬兰航空公司	Finnair	AY
	西班牙国家航空公司	Iberia Airlines of Spain	IB
	日本航空公司	Japan Airlines	JL
	智利航空公司	LAN Airlines	LA
	匈牙利航空公司	Malev Hungarian	MA
	澳洲航空公司	Qantas	QF
	约旦皇家航空公司	Royal Jordanian Airlines	RJ

注:*美国航空公司与全美航空公司于2013年合并,合并后的公司沿用美国航空公司的名称。

3. 天合联盟(Skyteam)

天合联盟于2000年6月22日由法国航空公司、达美航空公司、墨西哥国际航空公司和大韩航空公司联合成立。2004年9月,其与“飞翼联盟”(也译为航翼联盟)合并后,荷兰皇家航空公司以及当时的美国西北航空公司和美国大陆航空公司亦成为其会员。其部分成员航空公司见表2-13。

天合联盟部分成员航空公司　　表2-13

航空公司logo	航空公司名称		代码
	大韩航空公司	Korean Air	KE
	法国航空公司	Air France	AF
	荷兰皇家航空公司	KLM Royal Dutch	KL

续上表

航空公司logo	航空公司名称		代码
	意大利航空公司	Alitalia	AZ
	捷克航空公司	Czech Airlines	OK
	俄罗斯航空公司	Aeroflot-Russian Airlines	SU
	美国达美航空公司 *	Delta Airlines	DL
	中国东方航空公司	China Eastern	MU

注：* 美国达美航空公司与美国西北航空公司于2008年合并，合并后的公司沿用美国达美航空公司的名称。

航空联盟使得各个成员航空公司在某个市场、某条航线上成为伙伴，利用代码共享和常旅客计划为客户提供更好的体验。

4.联盟合作形式

(1)代码共享

代码共享指两个航空公司在某一协议的约束下，在他们的航班号和时刻表上，使用同一代码。代码共享是开拓民航市场的一个重要的战略武器，可使航空公司在不增加新运力的情况下，增加航班班次，提高航线质量，降低单位营运成本，提高市场占有率并使原有的竞争对手变成合作伙伴，优化经营环境。

例如，CA&QR，CA&QF，CA&VS，CA&AZ，KL&CZ，MU&FM。

(2)常旅客计划

常旅客计划是指航空公司向经常乘坐其航班的旅客推出的以里程累积奖励为主的促销手段，是吸引公务及商务旅客、提高航空公司竞争力的一种市场手段。

例如，旅客加入任何一个星空联盟常旅客计划，即可在所有21家航空公司获得或兑换里程或积分，每个计划都提供独特的超值优惠。此外，当旅客达到常旅客计划中的身份级别时，将会获得同等的星空联盟身份级别。

小链接

垄断天空的联盟

任何一家新加入联盟的航空公司做的第一件事就是利用各种传播工具,拼命鼓吹航空联盟给旅客带来的种种好处——各种优惠、低廉的机票、节省大量转机时间……对于跨国旅行者来说,航空联盟的影响力已经无处不在。在世界各地机场,每7s就有一架Star Alliance的飞机起飞,登上任何一架客机,都可能意味着你已成为一个航空联盟的顾客。

据美国《航空指南》杂志报道,至2001年底,以Oneworld和Star Alliance为代表的航空公司联盟已经覆盖了全球40%的空中客运市场。由于近几年航空市场不景气,越来越多的航空公司将加入联盟作为渡过危机的手段。《航空指南》因此预测,不超过10年,航空公司联盟对市场的占有率就将由现在的40%上升到75%。然而,航空公司结成联盟对普通旅客究竟有什么好处?答案是:好处肯定会有,只要你坐的是头等舱。

联盟垄断天空

Star Alliance和Oneworld是全球最大的两个航空公司联盟。Oneworld诞生于1999年,最初的成员包括美国航空公司、英国航空公司、国泰航空公司和澳洲航空公司。而1998年成立的Star Alliance以德国汉莎航空公司为首,联盟伙伴包括美国联合航空公司、全日空航空公司、新加坡航空公司、北欧航空公司等航空业巨人。目前,该联盟已经覆盖了全球192个国家的1330个机场,每天的航班数超过18100个。

消费者的疑虑

无论从哪个方面看,结成联盟对航空公司来说都是个不坏的选择,可是航空联盟的顾客能从中得到什么呢?除了贵宾候机室、优先登机权、机票打折,航空公司自认为最大的诱惑来自所谓的“无缝旅行”(Seamless Travel),即如果一个旅客从新加坡登机,要连续赶往罗马、纽约和里约热内卢,他只需要购买一张机票,而且压根不用担心自己的行李到了哪里。可是就连航空公司自己也承认,“无缝旅行”就目前来说还是一个乌托邦式的想法,国泰航空公司市场总监彼德·布金说:“无缝旅行的尝试目前还处于婴儿期,最大障碍来自基础设施和信息共享上的不足。”但他强调,国际旅客至少可以从联盟的成员公司处享受到同等服务,“你享受了国泰航空的高质量服务,也就能想象到我们合作伙伴的服务质量。”可问题是,真会有人相信巴西瓦力格航空公司和德国汉莎航空公司的服务质量处于同一水平?尽管两者都是Star Alliance的成员。

在航空公司的自我吹嘘和批评者的大肆鞭笞之间,航空联盟的真实面目反而被隐藏在视线以外。实际上,要考虑从航空联盟得到多少利益,关键在于你属于哪一类旅客。那些视空中旅行为家常便饭的人通常已经是某个大航空公司的VIP旅客,他们能从航空公司联盟得到最多好处。如果你是国泰航空公司“马可·波罗俱乐部”的金卡会员,你同时也就具备了Oneworld航空联盟所有成员公司VIP旅客资格——即使你从未搭乘过这些公司的航班。当你在一个机场找不到国泰航空公司贵宾候机室的时候,你可以径自走入任何一家Oneworld公司的贵宾室。

对那些经常搭机但每年航行里程不足25000mile（1mile = 1.6km）的旅客来说，航空联盟能够提供一定的积分便利。例如一个美国联合航空公司的旅客，当他搭乘全日空航空公司或泰国国际航空公司航班时，他的旅行里程就能计入联合航空公司的积分，凭借越来越高的积分，该旅客就有望成为VIP旅客，进而享受更多优惠。

但对于大部分偶尔乘飞机旅行的人来说，航空联盟不会给他们带来任何明显的利益——航空联盟的打折机票还不如一般旅行社提供的折扣诱人。

第四节 民航运输基础术语

引例 “红眼航班”的纷争

“红眼航班”是最近出现于中国民航界最流行的词汇，中国民用航空局三番五次地采取措施禁止红眼航班的出现，目的是为了保证民航安全飞行，保证人民生命财产的安全。这样的出发点是好的，并且换个思路从经济商业化的角度去思考红眼航班，还可得出结论：红眼航班是中国民航的进步！

为什么这么说呢？首先来看红眼航班的定义，即在深夜至凌晨时段运行，并于翌日清晨至早上抵达目的地，而飞航时间少于正常睡眠需求（8h）的客运航班。红眼航班最早出现于美国，美国各航空公司之间的竞争非常激烈，各航空公司为了适应激烈的市场竞争和降低经营成本，纷纷在夜间开通各种航班，而夜间的票价普遍比白天的便宜，红眼航班就是指航空公司在夜间开通的航班。红眼航班在中国的出现有国情的因素，也有民航市场化的因素。每年旅游的高峰期和春运期，各航空公司在夜间增加航班班次，以满足市场的需求。

红眼航班是世界航空业在市场经营上的发展趋势。全世界几乎所有的航空公司都有红眼航班，中国民航为什么就不能有红眼航班？红眼航班能在一定程度上降低经营成本，提高市场竞争力，还能够全力提升民航从业人员的职业素质和管理人员的素质，而提高从业人员职业素质和管理能力，更能够提高航空公司的标准化和安全系数。新加坡航空公司被全球民航界称为全球最安全的航空公司，因为新加坡航空公司的安全系数一直很高，但新加坡航空公司有红眼航班吗？答案是不仅有，而且还占了相当大的比重。所以安全问题不是红眼航班造成的，因为全世界大多数的航空公司都有红眼航班，而且都能保持安全系数。有人说红眼航班增加班次会造成飞行员和安全检查人员的疲劳以及疏忽，但是中国民航的飞行密度远远低于全球其他的航空公司，而且飞行员的飞行时间密度也远远低于国外航空公司，为什么国外的航空公司还能保持这种安全系数,而中国民航在提高飞行密度后人们就会为安全问题担忧呢? 我一直不能理解。

红眼航班不仅仅帮助中国民航在市场化的进程中迈出了坚实的一步,更能够全面提升民航业的管理体制、市场经营策略、高度职业化的质量标准,这才是提高民航安全系数的途径。

一、航线

(一)定义

民航从事运输飞行必须按照规定的线路进行。连接两个或几个地点,进行定期或不定期飞行,并对外经营航空业务的航空线叫航线。

航线不仅确定了航行的具体方向、起止与经停地点,还根据空中交通管制的需要,规定了航路的宽度和飞行的高度层,以维护空中交通秩序,保证飞行安全。

(二)航线分类

航线分国内航线、国际航线和地区航线。

1. 国内航线

国内航线指航线的起止点、经停点均在同一国家境内的航线。国内航线分干线和支线。连接省、自治区和直辖市之间的航线,叫国内干线。连接中小城市、省或自治区内的航线,叫国内支线。如:上海—北京,称为国内干线;乌鲁木齐—阿勒泰,称为国内支线;目前,内地至香港、澳门与大陆至台湾的航线属于特殊管理的国内航线。

2. 国际航线

飞行路线的起止点、经停点不在同一国家的航线,叫国际航线。如:上海—东京—洛杉矶。

3. 地区航线

根据国家特殊情况,在同一国的境内与境外之间飞行的航线,叫地区航线,如:美国纽约—波多黎各。

二、航班

1. 定义

飞机从始发站起飞,经过中间经停点,最终到达终点站的经营性运输飞行叫作航班。

2. 航班的分类

航班按不同的性质有多种分类方法。

(1)按起讫地的不同,类似于航线的分类,可以分为国内航班、国际航班以及地区航班。

①国内航班:航班的起止点、经停点均在同一国家境内的航班。

②国际航班:航班起止点、经停点不在同一国家境内的航班。

③地区航班：同一国境内与境外的航班。

从实质来说，地区航班属于特殊管理的国内航班，但从业务流程上来说，地区航班等同于国际航班。

(2)按经营的时间分为定期航班与不定期航班。

①定期航班：按航班时刻表，定时间、定日期、定机型的航班飞行，也可称为班期航班。其中，严格按照航班时刻表执行的航班称为正班航班；临时增派飞行的航班称为加班航班；遇见特殊情况，取消当日飞行，第二天执行的航班称为补办航班。

②不定期航班：也称为包机航班，是没有固定时刻的运输飞行，是根据临时性任务进行的航班飞行。

(3)按航班的起飞方向分为去程航班和回程航班。

去程航班一般是指飞机从基地站出发的运输飞行，返回基地站的运输飞行为回程航班。

(4)按航班的数目分为直达航班与转机航班。

①直达航班：始发至目的地只有一个航班号且不转换飞机的称为直达航班，有些直达航班在途中设有1～2个经停点。

②转机航班：始发至目的地由两个以上航班组成的，称为转机航班。

【例2-4】上海—乌鲁木齐，航班号为CZ9502，经停西安，该航班称为有一个经停点的直达航班；上海—西安，航班号为MU5201，西安—乌鲁木齐，航班号为CZ9202，该航班为转机航班，MU5201转CZ9201。

三、航班号的编排

为方便运输和用户，每个航班均编有航班号。我国国内航班的航班号由执行航班任务的航空公司二字代码和四个阿拉伯数字组成，其中第一位数字表示执行该航班任务的航空公司或所属管理局，第二位数字表示该航班终点站所属的管理局，第三、四位数字表示班次，即该航班的具体编号，其中第四位数字若为奇数，则表示该航班为去程航班，若为偶数，则为回程航班。

【例2-5】国内航班后两位数字，如CA1701（杭州—北京）中的“01”表示该航班为飞离基地的去程航班，其回程航班将会改为CA1702（北京—杭州）。

目前由于国内航空公司兼并和航班数量的大幅增长，航班号编排规律不再明显。

我国国际航班的编号是由执行该航班任务的航空公司的二字代码和三个阿拉伯数字组成，其中最后一个数字为奇数者，表示去程航班，最后一个数字为偶数者，表示回程航班。

【例2-6】CA981指中国国际航空股份有限公司承担的自纽约返回北京的国际航班。

注意：国际航班中国航首位数字用“9”表示，不同于国内航班。东航首位数字为“5”，南航首位数字为“3”。

四、航段

航段是指航线中点与点之间的航程。航线的经停点越多，航段数就越多。航线经停点的多少是根据客货运输的需求和飞机航行能力决定的,中小型飞机在飞远距离航线时一般航段较多。有时为了提高飞机的载运量而增加飞机的经停点。但是,为了提高飞机的日利用率和体现飞机速度快的优点,在一条航线上应尽量减少经停点。

五、班次

班次是指航班在单位时间内飞行的次数。通常用一周为标准计算航班的飞行班次,一个飞行班次指航线从始发点到终点的一次飞行,以航班号为准,只要是同一航班号,无论其经停点多少,只统计为一个班次。一条航线的去程和回程分别为两个航班号,各按一个班次统计。一个往返班次包括去程航班和回程航班。班次的多少依据运量的需要和运力的供给来确定。每周的班次反映某航线的航班密度,它是由运量、运力、机型及效益等因素来决定的。

六、航空运输产品

航空运输产品为位移,即旅客或货物邮件在空间上的位置变化。其特点是时效性强,不可储存、易消失以及各航空公司提供的产品相似度高,以上特点也导致了航空公司之间会产生激烈的竞争。航空运输产品的数量单位是人公里或吨公里。

七、航班时刻表

各航空公司的航线、航班及其班期和时刻等,按一定规律汇编成册,即形成常见的航班时刻表(表2-14)。根据飞行季节的不同和客流流量、流向的客观规律,国内按冬春、夏秋两季,一年调整两次航班时刻表。在我国每年3月份的最后一个星期的星期天至10月份最后一个星期的星期六使用夏秋季航班时刻表,10月份最后一个星期的星期天至次年3月最后一个星期的星期六使用冬春季时刻表。

时刻表的内容包括始发站名称、航班号、终点站名称、起飞时刻、到达时刻、机型、座舱等级、服务内容等。

航班时刻表　　表2-14

航班号	始发地	到达地	离站时间	到达时间	机型	经停	舱　位	班期	备注
CA1883	上海浦东国际机场	广州白云国际机场	13:00	15:00	JET*	0		26	01APR–30JUN
MU5301	上海虹桥国际机场	广州白云国际机场	08:00	10:15	310	0	FCYBHLMNRVTW	1234567	
CZ3596	上海虹桥国际机场	广州白云国际机场	08:25	10:30	JET	0	FCY	1234567	
FM9303	上海虹桥国际机场	广州白云国际机场	08:35	08:35	757	0	FYBLMTEHQW	1234567	
FM9311	上海虹桥国际机场	广州白云国际机场	09:25	11:35	767	0	FCYBLMTEHQW	1234567	
MU5303	上海虹桥国际机场	广州白云国际机场	10:00	10:00	310	0	FCY	1234567	
CA3913	上海虹桥国际机场	广州白云国际机场	10:00	12:10	310	0	FCYBMHKL	X36	

（1）航班号：执行该飞行任务的航班号，现在有些航班为代码共享航班，例如：上海—北京MU5143（*FM5143），表示MU5143与FM5143为代码共享航班，MU为实际承运人，FM为名义承运人。

（2）始发地：航班始发地城市以及机场名称。

（3）目的地：航班降落的目的地城市以及机场名称。

（4）离站时间：航班关闭舱门的时间，应注意使用的时间是1天24小时的全时制，即没有上下午之分，时钟是由0时计算到24时，在有时差的地区，航班时刻表上所列的都是当地时间。

（5）到达时间：预计到达目的站机场的时间。

（6）机型：执行该航班的飞机机型代码。

①大型宽体飞机：座位数在200以上，飞机上有双通道通行，又名干线宽体飞机。

747：波音B747，载客350～400人（747、74E均为波音747的不同型号）。

787：波音B787，载客250～340人。

777：波音B777，载客350人左右（或以77B作为代号）。

767：波音B767，载客280人左右。

M11：麦道11，载客340人左右。

340：空中客车A340，载客350人左右。

330：空中客车A330，载客250～330人。

350：空中客车A350，载客270～410人。

300：空中客车A300，载客280人左右（或以AB6作为代号）。

310：空中客车A310，载客250人。

②中型飞机：指单通道飞机，载客在100人以上，200人以下，又名干线窄体飞机。

M82/M90：麦道82、麦道90，载客150人左右。

737/738/733：波音B737系列，载客130～160人。

321/320/319/318：空中客车A320系列，载客108～180人。

YK2：雅克42苏联飞机，载客110人左右。

③小型飞机：指100座以下的飞机，多用于支线飞行。

MA6：新舟60国产飞机，载客50人左右。

AN4：安24苏联飞机，载客50人左右。

SF3：萨伯100，载客30人左右。

ATR：雅泰72A，载客70人左右。

CRJ：加拿大庞巴迪支线喷气客机，载客50～90人。

ERJ：巴西亚马逊支线喷气客机，载客50～90人。

ARJ：中国商飞支线喷气客机，载客70～90人。

*JET：表示使用喷气式飞机，机型未定。

（7）经停点：航班飞行计划中该航班停站次数。

（8）舱位：航班提供的各种舱位等级代号。

（9）班期：航班每周的执行情况。

•2…6•：周二、周六有航班。

1234567:每天都有航班。

X36:除周三、周六都有航班。

(10)备注:01APR-30JUN表示适用时间为4月1日到6月30日。时间的表示方式为日月年。月份表示见表2-15。

月份表示　　表2-15

月份表示	中文释义	月份表示	中文释义	月份表示	中文释义
JAN	一月	MAY	五月	SEP	九月
FEB	二月	JUN	六月	OCT	十月
MAR	三月	JUL	七月	NOV	十一月
APR	四月	AUG	八月	DEC	十二月

小知识

国内航空公司代表机型

1. 波音B737

B737飞机是波音公司生产的双发(动机)中短程运输机,被称为世界航空史上最成功的民航客机。1968年2月投入航线运营。波音B737飞机基本型为B737-100型。传统型B737分100/200/300/400/500型五种, 1998年12月5日,第3000架传统型B737出厂。目前,传统型B737均已停止生产。

1993年11月,新一代波音737项目正式启动,新一代波音B737分600/700/800/900型四种,它以出色的技术赢得了市场青睐,被称为卖的最快的民航客机。

B737-800(图2-40)性能:2个发动机, 180个座位,巡航高度为10670km,最大航程为5890km,每排座位6个,最大飞行速度为883km/h。

图2-40　B737-800

2. 波音B747

B747飞机是波音公司生产的四发(动机)远程宽机身运输机。是一种研制与销售都很成功的宽机身客机。1965年8月开始研制，1969年2月原型机试飞，1970年1月首架B747交付给泛美航空公司投入航线运营，开创了宽体客机航线服务的新纪元。它的双层客舱及独特外形成为最易辨认的亚音速民航客机，当然也很不幸地成为恐怖分子的首选破坏目标。自波音B747飞机投入运营以来，一直垄断着大型运输机的市场。

B747-400性能（图2-41）：4个发动机，二级座位布局，520个座位，巡航高度为10670km，最大航程为13570km，每排座位10个，最大飞行速度为956km/h。

图2-41 B747-400

3. 空客A330和A340

A330、A340是欧洲空中客车工业公司在分析世界主要航空公司20世纪90年代的需求后，于1986年1月宣布研制的两种先进双过道宽机身客机。除了发动机的数量和与发动机相关的系统外，这两种机型有很大的共同性，它们有85%的零部件可以互相通用，采用同样的机身，只是长度不同，驾驶舱、机翼、尾翼、起落架及各种系统都相同，这样可以降低研制费用。

A340-600性能（图2-42）：采用遄达500发动机，航程达13900km，机身长74.8m，比A340-300多出10.6m，可载客380人，比A340-300的载运能力提高了31%；2001年3月23日，A340-600在图鲁兹的“梦幻工厂”中首次亮相。2002年中开始交付使用。

图2-42 A340-600

4. 空客A320

A320系列是欧洲空中客车工业公司研制的双发中短程150座级客机。包括A318、A319、A320（图2-43）及A321四种客机，这四种客机拥有相同的基本座舱配置，飞行员只要接受相同的飞行训练，就可驾驶以上四种不同的客机。这种共通性设计也降低了维修的成本,减少了备用航材的库存。A320是一种真正的创新型飞机,为单过道飞机建立了一个新的标准,A320由于较宽的客舱给旅客提供了更大的舒适性,因而可采用更宽的座椅和更宽敞的客舱空间,它比其竞争者飞得更远、更快,因而具有更好的使用经济性。接着在此基础上又发展了较大型和较小型的飞机,即186座的A321和124座的A319、107座的A318。A320系列客机的客舱舒适而宽敞,是当前最受欢迎的150座级的中短程客机。

图2-43　A320

5. CRJ(Canada Regional Jet,加拿大地区喷气飞机)

CRJ(图2-44)系列是由庞巴迪宇航集团提供的民用支线喷气飞机,包括50座的CRJ-100/200、70座的CRJ-700、90座的CRJ-900。庞巴迪也是目前唯一能提供40～90座支线喷气飞机系列的公司。

图2-44　CRJ

本章小结

本章较为系统地介绍了航空地理、航空公司、航班航线定义与分类等,其中涵盖民航运输中一些基本术语，是乘务员从事该岗位所必须掌握的基础知识。但有些术语必须注意与旅客的认知有一定的差异性，比如直达航班的概念。只有正确掌握这些内容，才能更好地解答旅客的一些问题，从而更好地提高服务质量。

思考与练习

一、完成下列表格

1.

公司名称	代　码	公司名称	代　码
	AI		BR
马来西亚航空公司		瑞士航空公司	
	RG		SK
菲律宾航空公司		中华航空公司	
	SU		SN
春秋航空公司		华夏航空公司	
	EU		CZ

2.

城市名称	三字代码	国　家	大　洲
FRANKFURT			
	NGO		
JAKARTA			
	SAO		
SAN FRANCISCO			
	BOM		
	LHR		
	LOS		
SEOUL			
HONGKONG			

二、单选题

1. 航线确定了飞机飞行的(　　)，还规定了航线的宽度和飞行高度。

A. 方向　　B. 起讫点　　C. 经停点　　D. 以上都正确

2. KMG-LJG航线属于(　　)。

A. 国际航线　　B. 地区航线　　C. 国内干线　　D. 国内支线

3. 航空运输飞行方式包括定期运输飞行和(　　)。

A. 不定期飞行　　B. 正班运输飞行　　C. 加班运输飞行　　D. 包机运输飞行

4. 定期航班运输飞行是根据(　　),按照规定航线、定机型、定日期、定时刻的飞行。

A. 飞行计划　　B. 班期时刻表　　C. 市场需要　　D. 飞行利用计划

5. 根据临时性的需要,在正班飞行以外增加的飞行,是正班飞行的补充,称为(　　)。

A. 不定期飞行　　B. 加班飞行　　C. 专机飞行　　D. 补班飞行

6. 下列不是上海到北京航班号码的为(　　)。

A. FM9101　　B. MU51O1　　C. CA1502　　D. CA1501

三、依据航班时刻表回答问题

```
 27MAR(THU)/02APR(WED) SHALXA
1-   MU2335  PVGLXA 0750   1430   JET 1 M  E        30MAR    DS# FPAYBMEHKLNRSVTGZ*
2    MU2335  PVGLXA 0800   1445   JET 1 M  E        22MAR29MAR FPAYBMEHKLNRSVTGZ*
3   *JR2335  PVGLXA 0800   1445   JET 1 M  E        22MAR29MAR YBHMRVTQ
4    TV9802  SHALXA 1415   2010   319 1 M  E        30MAR25OCT FAOYBMHKLJQGVREIW*
5   *CA3982  SHALXA 1415   2010   319 1 M  E        30MAR25OCT FAYBMHKLQGVS
6    TV9802  SHALXA 1415   2020   319 1 M  E   X127 26MAR29MAR FAOYBMHKLJQGVREIW*
7   *CA3982  SHALXA 1415   2020   319 1 M  E   X127 26MAR29MAR FAYBMHKLQGVS
8+   CZ6437  PVGXIY 0725   1020   738 0 C  E        30MAR    DS# AFPJCDIOWSYBMHKUL*
     MU2335     LXA 1135   1430   319 0 L  E                 DS# FPAYBMEHKLNRSVTGZ*
```

1. 该航班时刻表所查询的目的站是?

2. 三月份执行MU2335航班的机型是?

3. 四月份执行TV9802航班是否每天飞行?

4. X127代表什么含义?

5. *JR2335航班号前面的*代表什么含义?

6. MU2335航班是否是直达航班?途中是否有经停点?

班期	离站时间	到达时间	航班号	机型	经停	等级	备注
1234567	08:30	10:40	MU5303	320	—	FY	01NOV→
DAILY	08:45	10:35	FM9377	767	—	FCY	
X1	12:30	14:40	CZ3504	330	—	FCY	
147	14:15	16:00	MU5305	318	—	FY	
35	18:45	20:50	HU7814	737	—	Y	Or757
X24	21:00	22:55	CZ3506	300	—	FCY	

7. 显示10月31日至次年1月1日的航班情况的是(　　)航班时刻表。

A. 春夏季　　B. 夏秋季　　C. 秋冬季　　D. 冬春季

8. 航班的离站时间是指(　　)。

A. 航班关闭舱门的时间　　B. 航班打开舱门的时间

C. 飞机开始滑行的时间　　D. 飞机轮子离开地面的时间

9. 周二使用窄体机的航班有(　　)。

A. MU5303　　B. CZ3504　　C. HU7814　　D. 以上都是

10. 提供公务舱服务的航班有(　　)。

A. FM9377　　B. CZ3504　　C. CZ3506　　D. 以上都是

11. CZ3506航班一周有(　　)个班次。

A. 1　　B. 2　　C. 4　　D. 5

12. 11月8日星期五最晚到达的航班是(　　)。

A. CZ3504　　B. MU5305　　C. HU7814　　D. CZ3506

四、根据时区表计算时差及飞行小时

1. 已知MOW的当地时间为6月25日早上7时30分，求SHA的日期和时间。

2. 一名旅客于4月4日14时55分从AMS起飞(+1，+2，30MAR—26OCT)到达NYC的时间为4月5日早上7时50分，求该航班的飞行小时。

Country/area	Standard Clock Time	Daylight Saving Time	DST effective period
Romania	+2	+3	28Mar09–30Oct09
Russian			
Kaliningrad	+2	+3	28Mar09–30Oct09
Moscow，St Petersburg，Astrakhan	+3	+4	28Mar09–30Oct09
Nizhnevartovsk	+4	+5	28Mar09–30Oct09
U.S.A.**			
Eastern Time	–5	–4	04Apr09–30Oct09
Indiana (East)	–5		
Central Time	–6	–5	04Apr09–30Oct09
Mountain Time	–7	–6	04Apr09–30Oct09
Arizona	–7		
Pacific Time	–8	–7	04Apr09–30Oct09
Alaska–All locations	–9	–8	04Apr09–30Oct09
Alaska–Aleutian Islands	–10	–9	04Apr09–30Oct09
Hawaiian Islands	–10		

第三章

民航旅客运价

引例　票价改革的目的就是给老百姓实惠

2013年，原中国民用航空总局副局长李军在列席全国人大代表团审议政府工作报告小组会时说，民航的票价已经进行了改革，改革的目的是让中国的老百姓都能坐得起飞机。

他说，票价问题是广大旅客非常关注的问题。这些年来，民航总的票价水平在降低。经过改革，民航的票价现在放得比较宽。中国民航票价现在实行的是政府指导价，分三个层次：一是独家直飞的航线票价是放开的；二是旅游城市票价是放开下限，管住上限；三是多数的航线实行基准价上浮25%、下浮45%的票价。票价改革给予各民航企业更多的定价权，有望让更多的老百姓能够坐上飞机，而且坐好飞机。

票价的改革是一个非常复杂的问题，涉及各个方面利益的调整。但随着中国民航航空运输能力的增长，随着公平、竞争有序的市场秩序的完善，旅客会得到更多的实惠。

注：本例引自新华网2006年3月6日报道。

第一节　民航运价基础

一、客票价格的制定依据

1. 运输成本

运输成本：指企业在执行航空客货运输业务过程中所发生的各项费用，主要包括飞机购置折旧费用、燃油费用、维修费用、飞机保险费用、机场服务费用、经营费用、管理费用、财务费用。

机场服务费用：指机场为各航空公司飞机起降、进出港旅客、货物、行李、邮件以及驻机场单位提供服务时发生与服务直接相关的各项费用，如机场服务人员、安检消防人员、航行调度人员、机场管理维护人员的工资和各种燃料动力费、制服费、折旧费、空难急救费、劳动保护费、差旅费等。

经营费用：指企业在业务销售过程中所发生的各项费用，包括（售票处、派驻国外销售机构的）人员工资、福利费、办公费、制服费、运输费、保险费、业务代理费等。

管理费用：指航空运输企业行政管理部门为组织生产经营活动而发生的各项费用，包括管理人员工资和福利费、折旧费、制服费、工会经费、业务招待费、广告费、税金（房产税、车船使用税、土地使用税、印花税）、排污费、绿化费等。

财务费用：指航空运输企业为筹集生产经营所需资金而发生的费用，包括利息支出、汇兑损失和相关的手续费等。

2. 盈利水平

确定合理的盈利水平是价格制定中的一个关键因素，而盈利水平的确定，必须考虑市场环境、航线特点及竞争对手等多种因素。

3. 运价政策

国家的运价政策是为了调整产业结构和产品结构，鼓励或限制某种商品的生产或消费，合理利用资源和均衡配置生产力。运价政策是充分利用运价的经济杠杆作用，促进运输产业的发展。

二、多等级运价制度

1. 民航运价改革方案

2014年4月20日，民航运价改革方案推出后，价格政策通过放松管制给了航空公司差别定价的空间。新的价格政策允许航空公司在现行基准价每客公里0.75元的基础上，在上浮幅度不超过基准价的25%、下浮幅度不超过基准价的45%的范围内，根据市场的情况自主定价。另外有94条航线完全放开，实行市场调节价；有225条独飞航线和242条旅游航线规定上限，不规定下限。

2017年，中华人民共和国国家发展和改革委员会、中国民用航空局联合下发了《关于进一步完善民航国内航空运输价格政策有关问题的通知》，到2018年底，由企业完全自主制定的航线市场调节价有1088条，航线占比达35.5%，旅客运输量占比达77.4%。政府指导价航线，同时规定政府指导价的航线有25%的基准价的上浮空间，下限放开。随着价格进一步的放开，航空公司自主定价的权力越来越大，可以结合不同航线、不同市场、不同季节制定不同的基准价。

2. 多等级运价制度

航空公司通过设计不同的子舱位来进行不同价格的销售。飞机的舱位就是航空公司的产品，舱位种类的多少就是航空公司产品的多少。在航空公司的市场营销中，除根据服务等级确定了头等舱、公务舱和经济舱的运价外，为丰富航空公司的产品，通过不同的运价去满足不同的市场需求，从而使收入最大化，航空公司在同一服务等级运价基础上，通过对运价附加如签转、更改、退票、出票和付款时限等运价限制条件，制定出多个价格依次递减的子舱位运价。如：在经济舱即Y舱的后面设置了Y舱的子舱位，包括K舱、B舱、E舱、H舱、L舱、M舱、N舱、R舱、S舱、T舱等，所有这些子舱位座椅的舒适度、餐食标准与Y舱完全相同，所谓“等级”指的只是运价等级以及与运价相关的客票销售和使用方面限制条件的等级。有了多等级舱位，就可以通过运价与不同舱位销售量的乘积精确计算出该航班的收入。

3. 限制条件

限制条件无疑是多等级票价系统的关键。有限制条件却不严格执行的多等级票价结构无异于降价销售。尤其是在完全相同的产品出现高、低两种价格以后，只有限制条件才能阻止承受能力较高、理应购买高票价的旅客购买便宜机票。航空公司利用各类旅客需求的特点，制定一系列的运价使用限制条件，强行将各类旅客分隔开来，使其各就各位，不得擅自从高往低流动。

这些限制条件包括以下几个方面：

(1)提前购票限制。为便于操作，一般规定必须提前1周、2周、3周或1个月购票。有的航空公司甚至推出提前3个月购票优惠。

（2）在外停留时间限制。旅游优惠票价对游客在外地的最短停留期限都有限制，有的要求最短必须停留1周以上。与之相对应的是最长停留期限。没有任何限制的正常票价的机票有效期为1年，而对各类优惠票价，其机票有效期一般缩短到30天、45天或半年不等。

（3）退票和更改航班、航程限制。商务旅客行程常有变化，退票或更改航班、航程时有发生。要满足商务旅客的这些要求，就要限制其他类型的旅客一旦购买了优惠机票，就不能随意退票或更改行程与航班。

（4）航班时间限制。最常见的是淡旺季制定不同票价。淡季价格的机票只能用于指定季节，如果改用到其他季节，必须补交差价。有时候同一天的几个航班，市场反应有好有坏、有淡有旺，早、中、晚票价也不一样。

（5）旅客身份限制。旅客身份可按年龄、职业、来源等区分，分别给予不同幅度的优惠。最常见的优惠仅限于团体旅客。由于团体旅客与其他类型的散客很难有效分隔，多数团体旅游促销票价都附有更严格的限制条件，比如提前呈报团体名单，提前1周出票，以团体形式办理登机手续等。

（6）最后购票或候补登机限制。航班起飞前一两天，如果还空余不少座位，不妨以合理的价格出售给明显不属于商务旅行并且承受能力较低的旅客。候补票价与最后购票略有不同。旅客可以提前购票，但不能提前订好座位，只能在机场候补登机。当机场有旅客未来乘机、空出座位时，候补的旅客才能补上。这种类型的折扣票价通常只限于旺季航班很满的情况，旅客需冒一定的风险，很有可能连续几天不能登机成行，因此商务旅客不会贸然购买这类优惠机票。

第二节　民航旅客运价的种类和适用范围

引例　花千把块钱，就能在飞机上体验一次头等舱的“高大上”

在国内民航淡季时，不少航空公司都推出了头等舱、公务舱的打折机票，个别航班的头等舱促销特价，甚至比经济舱全价票还要低，吸引了不少普通收入的旅客购票“尝鲜”。

上海到深圳的经济舱全价票是1850.00元，日前，上海市民胡小姐乘坐头等舱去深圳，机票费用也只花了1900.00元。“我买到的是头等舱特价票，费用和经济舱全价票一模一样，体验到的却是平躺座椅、菜单点餐、优先登机……这些两舱客人专享的VIP服务，感觉很超值。”

据了解，当民航处于淡季时，一些商务航线上，两舱客座率不高，许多航空公司纷纷对头等舱、公务舱机票进行打折促销，许多打折后的头等舱票价甚至比经济舱全价票还要便宜。

登录携程旅行网查询发现,目前京沪、京深、京广、沪蓉这些商务航线上,都能找到特价头等舱机票的踪影。例如某日,上海—北京的48个航班中,有43个航班,都有“超值头等舱”或“超值公务舱”,有个别打折力度特别大的航班,公务舱仅售1.8折1060.00元,甚至比1610.00元的经济舱全价票还便宜了510.00元,堪称“白菜价”。

办理改签,可能要支付高额差价。购买头等舱特价机票的旅客,在飞机上能享受到与其他两舱客人相同的优质服务,可谓一桩“超值的选择”。不过,对于行程多变的旅客来说,应注意确认退改签条件后再预订这类机票。例如,旅客购买特价头等舱后,想要办理改签,又恰逢改后的航班头等舱不打折,就需要支付差价,这份差价,最多可能高达一两千元。另外,有部分头等舱特价机票不参与积分累积,旅客在购票时应注意相关说明告知。还需提醒的是,特价头等舱的价格虽然和经济舱全价票相当,但在机票行程单上却会明确注明是“头等舱”,建议差旅客人在预订前,先了解清楚公司的财务规定,以免届时遭遇买了机票却无法报销的尴尬。

一、运价相关术语

1. 客票价

客票价是指旅客由出发地机场至目的地机场的航空运输价格,也称为客运价、票价等,不包括机场与市区之间的地面运输费用。

【例3-1】上海到北京Y舱客票价格为1130.00元,旅客从市区前往机场以及到达地机场前往市区的费用自己负担。

票价为旅客购买之时所购航班适用的票价。如果在客票出售后调整票价,旅客已购客票的票价不作变动。

使用特种票价的旅客,应遵守该特种票价的适用条件。

2. 旅客

旅客是指除机组成员以外,经承运人同意在航空器上载运或已经载运在航空器上的人。

3. 团体旅客

团体旅客是指在承运人规定的人数以上,航程、乘机日期和航班相同并支付相应团体旅客票价的旅客。

4. 婴儿

婴儿是指开始运输之日年龄未满两周岁。

5. 儿童

儿童是指开始运输之日年龄已满两周岁但不满十二周岁。

6. 成人

成人是指开始运输之日年龄已满十二周岁。

7. 转机

旅客的航程超过一个以上航班,需在某航班的中途站或终点站换乘另一个航班才能到达目的地,称之为转机,一般两个航班时间间隔较短。

8. 联程

联程是指经承运人事先同意，旅客在出发地点和目的地点间旅行时，由旅客有意安排在某个地点的旅程间断，间断既有转机的原因（间断时间较短），也有旅客观光、旅游、购物、商务活动以及探亲访友的原因（间断时间较长）。

9. 普通票价

普通票价指各航空公司头等舱、公务舱、经济舱各舱位等级中成人的单程直达最高票价。

10. 特种票价

特种票价指低于普通票价并附有使用限制条件的票价，也称为折扣票价。

二、服务等级票价

服务等级是指为旅客提供服务的等级，按照提供服务的等级不同收取不同的票价。国内航线的客运价一般分为三个服务等级：头等舱票价（F）、公务舱票价（C）、经济舱票价（Y）。

1. 头等舱票价

航空公司在有头等舱布局的飞机飞行的航班上向旅客提供头等舱座位。头等舱的座位较普通舱座位宽而舒适，图3-1为国航777-300ER的头等舱；向旅客免费提供的餐食及地面膳宿标准高于普通舱；专门设置的值机柜台和候机厅可为头等舱旅客提供优质、快捷的服务；每人免费可携带的行李限额为40kg。国际航线的头等舱价格在不同航线上是经济舱全价的2～3倍；国内航线头等舱的普通票价原来约为经济舱普通票价的150%，但现在不同航空公司在不同航线上价格均有可能不同（表3-1），同时在不同航线上还会推出折扣率不等的头等舱打折票。

图3-1　头等舱

头等舱票价对比表　　表3-1

航　　线	经济舱价格（元）	东航头等舱价格（元）及与经济舱的比例	国航头等舱价格（元）及与经济舱的比例	原头等舱价格（元）及与经济舱的比例
SHA-PEK	1130.00	3160.00，280%	3160.00，280%	1700.00，150%
SHA-CAN	1280.00	3200.00，250%	2940.00，230%	1920.00，150%
SHA-TSN	1360.00	2990.00，220%	3150.00，230%	2040.00，150%

上海—北京的经济舱价格为1130.00元,以前各航空公司头等舱价格为统一的1700.00元,是经济舱的150%;现在东航、国航头等舱价格均为3160.00元,是经济舱的280%。上海至广州的经济舱价格为1280.00元,以前各航空公司头等舱价格为统一的1920.00元;现在东航头等舱价格为3200.00元,国航头等舱价格为2940.00元,分别是经济舱的250%和230%。

2. 公务舱票价

航空公司在有公务舱布局的飞机飞行的国内航班上向旅客提供公务舱座位。公务舱座位宽度较头等舱窄,餐食及地面膳宿标准低于头等舱高于经济舱。每人免费可携带的行李限额为30kg。国内航线公务舱的票价原来为经济舱票价的130%,但与头等舱价格变化相同,现在不同航空公司在不同航线上的公务舱价格均有不同,价格低于头等舱高于经济舱,现也有相应的公务舱折扣票价。

3. 经济舱票价

航空公司在飞机飞行的国内航班上向一般旅客、团体旅客和持优惠票价的旅客提供经济舱座位。每人免费可携带的行李限额为20kg(不占座位的婴儿除外)。国内的不同航空公司在相同航线上经济舱基本票价均为中国民用航空局制定的统一票价,为经济舱基本票价的100%。例如,上海—北京,国内航空公司经济舱全价为CNY1130.00。

目前,航空公司在区别于传统的头等舱、商务舱和经济舱的基础上推出了第四种舱位——超级经济舱。超级经济舱在级别上还是经济舱,但是它的软硬件都全面向商务舱靠拢。硬件上,与普通经济舱最显著的区别就是座位的间距更大;软件上,很多航空公司针对超级经济舱都提供了和商务舱接近甚至相同的服务标准,以及相同的餐食。一般情况下,超级经济舱的定价只比普通经济舱全价贵一点,但比商务舱便宜很多。尤其在国际航线上,一张商务舱的机票价格可能是普通经济舱的2～3倍,但超级经济舱的机票价格仅仅是普通经济舱的1.5倍。如此舒适的体验和高性价比,让超级经济舱成为商务旅客的最爱。

4. 混合等级票价

混合等级票价就是旅客在整个旅程的多个航段使用不同的服务等级的票价。例如:部分航段乘坐经济舱座位,部分航段乘坐头等舱座位。混合等级票价同样适用于乘坐头等舱和公务舱座位以及公务舱和经济舱座位。其总的票价是按旅客实际乘坐的不同等级航段分段相加。

三、旅程方式对应的票价

票价按旅客的不同行程方式可以分为单程票价、来回程票价、联程票价和联程中转票价。

1. 单程票价

单程票价也称为直达票价。它仅适用于规定航线上的从始发地至目的地的航班运输。我国现行对外公布的票价均为航空运输的直达票价。

2. 来回程票价

来回程票价(表3-2)由两个单程票价组成,一个是使用直达票价的去程运输,一个是使用直达票价的回程运输。我国有些空运企业来回程票价在两个单程票价的基础上可享受一定的折扣。

来回程票价 表3-2

航线	舱位	去程票价（元）	去程票价级别	回程票价（元）	回程票价级别
上海—北京—上海	W	570.00	YW50	570.00	YW50

3. 联程票价

如旅客要求经停或换乘其他航班时，即为联程票价，应按实际航段分段相加计算票价。

【例3-2】一旅客乘坐SHA-WNZ-CAN航班，SHA-WNZ段由东航承运，票价500.00元；WNZ-CAN段由南航承运，票价950.00元。运价为多少？

500.00 + 950.00=1450.00（元），分段相加即可。

4. 联程中转票价

联程中转票价是特殊的联程票价，是航空公司为了最大限度地利用舱位，整合运力资源推出的票价。与直达航班相对应，旅客在中转点换乘其他航班前往目的站，全程多个航段视为一个运价区所使用的票价，即为中转联程票价，一般价格低于直达票价。某些航线的联程中转票价见表3-3。

联程中转票价 表3-3

航线		运价（元）		使用条件
		单程	往返	
上海转机	北京—上海—厦门	600.00	1000.00	使用Q舱
	北京—上海—广州	900.00	1600.00	Q
	北京—上海—深圳	600.00	1000.00	上海—深圳限使用5335、5327、5343航班
西安转机	北京—西安—成都	500.00	800.00	使用Q舱
	北京—西安—海口	1200.00	1500.00	限用E舱
	北京—西安—三亚	1200.00	2000.00	限用E舱
	北京—西安—拉萨	1000.00	2000.00	使用Q舱

四、儿童、婴儿票价

国内航线按成人全票价的50%购儿童票，提供座位，儿童票价代号为CH；现在航空公司在部分航线上也推出了儿童可以享受低于5折的成人特价票政策，但在退改签上与成人特价票一样有诸多限制；国际及港澳台地区航线儿童票价按不同航空公司及不同航线的规定，享受一定的折扣，常见折扣为适用成人票价的75%、67%或50%。

国内航线按成人全票价的10%购婴儿票，不提供座位，婴儿票价代号为IN，如需要单独占用座位，应购买儿童票；国际航线婴儿票价为适用的成人票价的10%。

旅客所带婴儿超过一名时，其中只有一名婴儿可购婴儿票，超过的婴儿人数应购儿童票，提供座位。

未满5周岁的儿童乘机，必须有成人陪伴而行。如果无成人陪伴，应在购票前提出申请，经航空公司同意后方可承运，票价为成人全价的50%或100%（国际航线还有75%或67%）。

【例3-3】一对夫妇宁柯、郭芸携带其一周岁的儿子宁陵和十岁侄女宁凝，从上海前往乌鲁木齐，经济舱全价为2800.00元。

每名成人旅客票价为2800.00元。

一周岁儿子使用婴儿票价为：2800.00×10%=280.00（元）。

十岁侄女使用儿童票价为：2800.00×50%=1400.00（元）。

总共占用3个座位，婴儿不占座。

【例3-4】一名旅客携带其2007年3月出生的双胞胎女儿，购买2008年7月8日从上海前往北京的机票，经济舱全价为1130.00元。

成人旅客运价：1130.00元。

双胞胎之一：使用婴儿运价1130.00×10%=110.00（元）。

双胞胎之二：使用儿童运价1130.00×50%=570.00（元）。

五、革命伤残军人和伤残人民警察票价

我国残疾军人和因公伤残的人民警察凭《中华人民共和国残疾军人证》和《中华人民共和国伤残人民警察证》购国内航线客票，按照普通票价的50%购票。

【例3-5】某名残疾军人及其妻子，购买两张SHA-CAN的机票，Y舱票价为1040.00元。

购买机票时要使用残疾军人票价需出使《中华人民共和国残疾军人证》，票价为1040.00×50% = 520.00（元），另外妻子为全价1040.00元，总票价为1560.00元。

六、教师学生票价

航空公司在寒暑假期间，在指定的航线上，对国内全日制大学、大专、中专、中小学和职业学校等在校教师、学生给予不等幅度的优惠。

购买教师学生优惠票时，教师必须持教师工作证和身份证，学生凭有效的学生证和身份证或出生证、独生子女证、户口簿；无学生证的，须凭就读学校出具的证信和身份证件办理购票。

购买特种票价的教师、学生，应在航班离站时间前一天或两天内购票，不得事先购票。所购机票只能乘坐指定航空公司的航班，不得办理签转。有关定座和退票的具体规定，以航空公司的运价通告为准。

七、团队旅客票价

团队旅客可根据团队旅客人数和航班座位销售情况给予适当的票价优惠，折扣率按季

节、团队人数、代理商资质各不相同，由航空公司视具体情况而定。大多数航空公司采用一团一议的方法给予优惠。

【例3-6】一个团队12人原定从上海前往广州考察项目，购买4月3日8时30分出发的MU5301机票，经济舱全价1470.00元。按航空公司运价政策可以享受六折舱位。如每人每段燃油附加费100.00元，机场建设费50.00元。

每名旅客支付客票价格为：1470.00×60%=882.00=880.00（元）。

每张机票支付的总费用为：880.00+50.00+100.00=1030.00（元）。

全团共支付票款：1030.00×12=12360.00（元）。

八、行业票价

行业票价是航空公司内部职工、销售代理人、中国民用航空局职工及协作单位职工因私或因公乘坐飞机，经航空公司批准，可享受低于适用票价50%的一种票价。

旅客必须在购票前提出书面申请，经航空公司主管部门受理和审批同意后签发"授权出票通知单"，旅客凭"授权出票通知单"、身份证件到指定的航空公司售票处办理购票手续。

行业票价一般分优惠75%（1/4票，代号为ID75或AD75）、优惠50%（半票，代号为ID50或AD50）、优惠100%（免票，代号为ID00或AD00）三种。优惠票价在任何情况下不得重复享受其他票价优惠。例如，享受了适用成人票价50%的儿童票，不得重复享受优惠票价的50%或75%，但可在几种优惠或折扣票价中选择一种。

购买航空公司优惠票的旅客均不得事先定座，只能持票在航空公司的值机柜台申请候补，在航班有空余座位的情况下，办理乘机手续。

九、子舱位票价与使用限制条件

在一种服务等级中存在多等级票价体系，不同的子舱位代表不同的票价折扣，不同折扣有不同使用限制条件，在经济舱服务等级中设置子舱位折扣票的情况最为常见。

【例3-7】各航空公司折扣舱位见表3-4，东航折扣舱位及相关政策见表3-5。

各航空公司折扣舱位　　表3-4

航空公司	代码	100%	90%	85%	80%	75%	70%	65%	60%	55%	50%	45%	40%	35%	30%
南航	CZ/784	Y	T	K	H	M	G	S	L	Q	E	V	X		
川航	3U/876	Y	T	K	H	M	G	S	L	Q	E	V	R		
国航	CA/999	Y	B	M	H	K	L		Q		G	V	U		
海航	HU/880	Y	B	H	K	L	M	N	Q	T	X	U	E		
新华	GS	Y	B	H	K	L	M	N	Q	T	X	U			
山航	SC/324	Y	B	M	H	K	L		Q		G	V	U	Z	R
东航	MU/781	Y	B		H	L	M	N	R		V	T	W	X	G

续上表

航空公司	代码	100%	90%	85%	80%	75%	70%	65%	60%	55%	50%	45%	40%	35%	30%
夏航	MF/731	Y	B	H	K	L	M	N	Q	T	V	X	R		
上航	FM/774	Y	B		L	M	T	E	H	Q	V		W		
吉祥	HO/018	Y	B		L	M	T	E	H	Q	V	X	W		
深航	ZH/479	Y	G		H		Q	L	S	N	M	E	B	J	O

东航折扣舱位及相关政策 表3-5

<table>
<tr><td rowspan="16">东航</td><td>F/150%</td><td rowspan="3">可签转</td><td rowspan="11">起飞前同等舱位开放时可免费更改一次</td><td rowspan="3">起飞前后均按5%收取</td></tr>
<tr><td>C/130%</td></tr>
<tr><td>Y/100%</td></tr>
<tr><td>B/90%</td><td rowspan="13">不得签转</td><td rowspan="3">起飞前后均按票价10%收取</td></tr>
<tr><td></td></tr>
<tr><td>H/80%</td></tr>
<tr><td>L/75%</td><td rowspan="5">起飞前后均按票价20%收取</td></tr>
<tr><td>M/70%</td></tr>
<tr><td>N/65%</td></tr>
<tr><td>R/60%</td></tr>
<tr><td></td></tr>
<tr><td>V/50%</td><td rowspan="4">变更航班或日期收取全价的5%作为更改费。变更费不得低于50元</td><td rowspan="4">起飞前后均按票价50%收取</td></tr>
<tr><td>T/45%</td></tr>
<tr><td>W/40%</td></tr>
<tr><td>X/35%</td></tr>
<tr><td>G/30%</td><td>不得更改</td><td>不得退票</td></tr>
</table>

现在各航空公司,针对价格上浮的头等舱与公务舱票价也推出了不同折扣的超值头等舱与超值公务舱票价,有些折扣后的头等舱价格可能会低于经济舱全价。当然,在使用这些折扣头等舱和公务舱票价时,也会有诸多关于退改签的使用限制条件。

十、国际运价的分类与特点

(一)国际航协普通运价(IATA NORMAL FARE)

该运价适合于飞行该航班的所有航空公司,俗称"全价票",其特点是价格昂贵,但客票无"退改签"方面的限制,主要适用于公务旅客,因其行程多变同时该旅客对票价高低不敏感。一般而言,头等舱定座舱位是F、P;公务舱是C、J;经济舱是Y、S。

（二）国际航协特殊运价（IATA SPECIAL FARES）

该运价也可称为航协促销票价，一般也适用于所有航空公司，其特点是价格比普通运价便宜，但客票在“退改签”方面有诸多的限制条件，同时在停留时间、停留点的个数和定座、付款、出票等方面也有限制。主要适用于一般的休闲旅客，因此类旅客对价格的高低是极其敏感的，在“价格”与“限制条件”这两者中，通常休闲旅客首先考虑价格因素。常见的限制条件包括：

（1）最短、最长停留时间，最长停留时间也称为有效期。

（2）停留点的数目。

（3）定座、付款和出票的限制。

（4）旅行日期和时段的限制。

（5）资格限定（使用对象）。

（6）退票和变更的限制。

特殊运价因其票价高低与限制条件不同，又可以分为以下几种不同类型的运价：

（1）适合于公众的特殊运价。

①预购游览运价，在旅行前提前购买机票并预定到座位，不允许出现有不定期的航段，更改和取消定座有罚款，运价代号为AP。

②非预购游览运价，也称为即购票价，该类运价不要求预先购买，但需要在出行前预定到座位并支付票款，也不允许出现不定期的航段，更改和取消定座要求罚款，运价代号为PX。

③普通游览运价，该类运价为特殊运价的较高类别，一般允许有不定期的航段，不限制旅客的更改日期和取消定座，运价代号为EE。

以上价格由低到高排序。

（2）适用于指定旅客的折扣运价。常见的指定旅客折扣运价类别如下：

①家庭旅游运价 FAMILY FARE　PD。

②劳工运价 LABOUR FARE　DL。

③移民运价 MIGRANT FARE　EM。

④军人运价 MILITARY FARE　MM。

⑤学生运价 STUDENT FARE　SD。

⑥青年运价 YOUTH FARE　ZZ。

⑦海员运价 SEAMAN FAE　SC。

⑧朝圣运价 PILGRAM FAE　PG。

该类特殊运价的特点是一般以普通运价为基础，按不同折扣率计算。

（3）综合旅游运价，由旅行社销售，包含空中和地面服务的全部运价，代码为IT。

（4）各类团队运价，有最少团体人数限制。如：共同兴趣团体，奖励旅游团（用于奖励单位的员工），相同单位的旅行团，非相同单位的旅行团等，代号为GV。

（三）航空公司运价（CARRIES FARES）

该运价适用于发布该运价的航空公司，具有排他性，其他航空公司不得使用，在同等的限制条件下票价一般低于航协普通运价和特殊运价,但同样有诸多限制条件,如退改签等。

在实际生活中,一般休闲旅客会优先考虑购买运价较低的航空公司的机票。

十一、低成本航空的票价

多年来,航空公司饱受同质化竞争之苦,根源是航空产品差异化程度太低。如何提供不一样的产品?直到低成本航空出现,众多航空公司才隐约找到一条可行路径。低成本航空的做法可以被简单概括为"拆包",即将传统机票包含的有形和无形的产品与服务进行精细拆分,在退改签、选座、行李额、餐饮、登机顺序、升舱服务和里程累积方面逐一拆分。这一产品模式首先是教育广大旅客,机票不再理所当然地包含所有细分产品,细分产品被定义为附加产品。低成本航空可以提供廉价机票,但前提是旅客必须牺牲部分甚至大部分附加权益。

十二、航空公司"品牌运价"

照搬LCC(低成本航空公司)的做法对传统机票产品完全"拆包"肯定不可行,首先,不符合全服务航空公司的品牌定位,这样做会"伤到"高价值客户群体,损失品牌价值;其次,无论全服务航空公司怎样优化与改进运营效率,由于整体结构上的差异其运营成本都不可能低到LCC的程度,当所有公司都在使用收益管理预测于优化定价时,全服务航空公司"拆包"后拼价格肯定不是LCC的对手,最好的情况也只能做到拼一时而非拼一世;再次,完全"拆包"后的运价随着是否靠窗、是否靠紧急出口、是否供应餐食等附加服务信息成为运价结构的另一个维度,再加上市场竞争的因素,航空公司的运价结构也变得越来越复杂。

信息技术的高速发展导致互联网分销渠道迅猛崛起,航空公司的网站、OTA(在线旅行社)网站、各种手机软件等为所有旅客提供了比以往多得多的价格和航线选择,这些因素改变了旅客的消费习惯。得益于低成本航空的"拆包"做法,广大旅客逐渐接受了航空公司对机票的零售"减法"。但是传统航空公司与低成本航空公司的客源群体、航线网络存在较大不同,传统航空公司并不逐一销售附加产品包,而是将不同附加产品排列组合成不同的品牌产品。同时为了适应互联网销售,航空公司必须对原来越来越复杂的运价进行简化和组合。在此背景下,"品牌运价"(Branded Fare)应运而生。

品牌运价组合由加拿大航空在2008年最先引入,之后将该创新理念广泛应用到整个航线网络的营销中,并成为该领域的引领者之一。据了解,全球最大的30家航空公司中,已有20家实施了经济舱分级的"品牌运价"。所谓品牌运价,即把机票及其附加权益进行拆分,再进行重新组合,将机票价格以产品的形式进行呈现,满足不同旅客对机票的差异化需求,进而实现从以价格为中心到以产品为中心的机票营销模式。

通过实行品牌运价,结合分项定价销售拆分服务,航空公司可以将原机票包含的服务内容逐个分离,允许旅客结合个人喜好和旅行需要选择已经固定"打包"好的附加服务,给予了旅客多选择、相对定制化的出行体验,称之为"拆包"与"打包"。具体来看北京首都航空的某国内航线和东航某国际航线的品牌运价，经济舱产品分别享有表3-6所示服务权益。

北京首都航空图内航线品牌运价　　表3-6

<table>
<tr><th>产品名称</th><th>对应舱位代码</th><th>餐食</th><th>对应免费托运行李额（kg）</th><th>对应免费手提行李额（kg）及件数（件）</th><th>金鹏俱乐部消费积分（新）</th></tr>
<tr><td>公务舱</td><td>C/D</td><td>含餐食</td><td>30</td><td>5×2
（20cm×40cm×55cm）</td><td>10积分/10元</td></tr>
<tr><td>超值公务舱</td><td>Z</td><td>含餐食</td><td>30</td><td>5×2
（20cm×40cm×55cm）</td><td>10积分/10元</td></tr>
<tr><td>首尊经济舱</td><td>Q</td><td>含餐食</td><td>20+5（赠送）</td><td rowspan="4">（5+2赠送）×1
（20cm×30cm×40cm）</td><td>10积分/10元</td></tr>
<tr><td>首享经济舱</td><td>Y</td><td>不含餐</td><td>20+5（赠送）</td><td>10积分/10元</td></tr>
<tr><td>首悦经济舱</td><td>B/H/K/L/M/X/V/N/P</td><td>不含餐</td><td>10</td><td>8积分/10元</td></tr>
<tr><td>首惠经济舱</td><td>A/A1/U/U1/T/T1</td><td>不含餐</td><td>0</td><td>0</td></tr>
</table>

注：1. 免费托运行李额：首尊及首享经济舱，如签转至实际承运人非北京首都航空航班时，将不享受赠送的5kg免费托运行李额，实际承运人按20kg进行保障。

2. 免费手提行李额：经济舱免费手提行李额为5kg+2kg（赠送），如签转至实际承运人非北京首都航空航班时，将不享受赠送的2kg免费手提行李额，实际承运人按5kg进行保障。

3. 新金鹏积分累积规则适用于航班日期从2019年5月1日（含）起的国内航班。航班日期在2019年4月30日（含）前的按旧规则执行。

通过对经济舱的品牌运价进行分析，发现其具有以下特点：

（1）运价简化：对相同退改签条件的同类舱位进行合并形成一个产品。

（2）目前拆分的附加产品主要针对餐食、免费行李额及升舱等途中服务类。

（3）在国际航线上品牌运价普遍存在的选座费，受国内价格法的约束在国内航线上并没有出现。

（4）附加内容均以“打包”的形式存在于各产品中，用户不得任意更改，方便旅客选择。

（5）低等级的品牌运价退改签有严格限制或要收取高额费用。

随着“品牌运价”差异化定价的推出，餐食和托运行李额量身自由选购，对于旅客来说，选择省钱还是选择飞机餐、托运超额行李等完全自主决定，“想自己托运大件行李就多交钱”，这样可以体验“一分钱一分货”的公平，缓解“不患寡患不均”的焦虑。此外，细分服务也能在一定程度上提升航空公司的服务质量，提高企业经营效益。

小知识

关于客票中的税费

客票价不包括民航发展基金和燃油附加费以及旅客使用的任何付费服务及设施所需的费用。民航发展基金原名机场建设费，从2004年9月1日起，旅客在中国境内乘坐国内、国际和地区(港、澳)航班，由原在机场办理机场建设费缴纳手续，改为在购买机票时一并缴纳。代码为CN。凡是从中国境内机场乘机旅行的旅客，均需缴纳机场建设费，包括持免票、折扣票(如ID、AD票)和乘坐商业包机的旅客。但对下列人员除外：

(1)乘坐国际及香港、澳门地区航班出境的持外交护照的旅客。

(2)年龄在十二周岁(不含)以下的儿童。

征收标准：

(1)乘坐国内航班的旅客每人50.00元。

(2)乘坐国际和香港、澳门地区航班的旅客每人90.00元(含旅游发展基金)。

(3)乘坐的国内支线航班的旅客每人10.00元，但从2011年起免征。

燃油附加费是航空公司收取的反映燃料价格变化的附加费，该费用以每运输吨多少金额或者以运费的百分比来表示，代码是YQ。2000年我国开始对国际和国内航线征收燃油附加费，费用占机票全价的10%～25%。国内航线燃油费的收取标准按长、短航线两档定额计算，短航线为800km（含)以下，长航线为800km以上。

小知识

飞机上多占座位要收费吗？

在民航客机上，正常情况下每位旅客都是一人一座(婴儿除外)，但在下列情况下，旅客事先申请并经航空公司同意并付费后，可以多占座位：

(1)病残旅客要求在客舱躺卧或使用担架，按照各航空公司规定计算票价。例如，国航在国内航线上收取经济舱正常票价的8倍。如果是在飞行途中突发疾病，则不再收取旅客的额外占座费。

(2)旅客因放置自理行李而多占座位时，按照实际占用座位数计算票价。每个座位装载行李物品不得超过75kg。此种占座的英文名称为CABIN BAGGAGE，缩写代号为CBBG。

(3)旅客为了舒适或其他目的而多占座位时，按实际占用座位数计算票价。此种占座的英文名称为EXTRA SEAT，缩写代号为EXST。

本章小结

民航旅客运价主要包含普通票价、儿童婴儿票、子舱位折扣票价以及其他折扣票价，有些票价的规定沿用至今，但有些票价规定已有较大改变，也出现了新的运价种类(品牌运价)。因此在学习时，要注意这些变化。国际运价体系与计算方法较为复杂，乘务岗位人员只需掌握其基本原理与方法，因此在本章中简略带过。

思考与练习

一、单选题

1. 下列关于客票运价定义的说明，不正确的是(　　)。

A. 燃油附加费属于客票价范围

B. 客票价指旅客由始发地机场至目的地机场的航空运输价格

C. 客票价不包括在同一城市的机场与机场之间的地面运输费用

D. 民航发展基金不属于客票价范围之内

2. SYX-PEK-SYX属于(　　)航程。

A. 单程　　B. 来回程

C. 联程　　D. 分程

3. 特种票价是航空公司对特殊的运输对象给予一定折扣的票价，它以公布的(　　)为计算基础。

A. 经济舱票价

B. 公务舱票价

C. 头等舱票价

D. 成人全票价

4. 不满两周岁的旅客，购买国内航班头等舱客票，享有的免费行李额为(　　)。

A. NIL　　B. 20kg　　C. 30kg　　D. 40kg

5. 旅客2012年5月1日出生，2014年4月10日联系售票处为该旅客订票，4月20日付款购票，旅行开始之日是5月1日，要求购票成本尽可能最低，该旅客应购买(　　)。

A. 成人票　　B. 儿童票

C. 婴儿票　　D. 以上都不是

6. 一名成人旅客带两名未满两周岁的儿童乘机，则两名儿童的折扣应是(　　)。

A. 50%+10%　　B. 50%+50%

C. 10%+10%　　D. 25%+50%

7. 某旅客5月5日是两周岁生日，该旅客的定座日是5月1日，出票日是5月3日，始发日是5月8日，该旅客应支付(　　)。

A. 成人票价　　B. 儿童票价

C. 婴儿票价　　D. 不确定

二、计算题

1. 一位成人旅客带一儿童乘坐东航经济舱航班上海至西安，已知经济舱全价为1260.00元，成人旅客购买了9折M舱客票，机场费标准为50.00元，燃油附加费标准为120.00元，计算两位旅客的票价总额及最终票款。

成人票价：

儿童票价:

成人税费:

儿童税费:

总价格:

2. 依据系统票价图,计算旅客票价。

```
FD:SHACKG/02APR14/TV                          /CNY /TPM  1537/
01 TV/F      / 4470.00= 8940.00/F/F/  /   .   /26MAR13        /TV93  ▶PFN:01
02 TV/Y      / 1490.00= 2980.00/Y/Y/  /   .   /26MAR13        /TV93  ▶PFN:02
03 TV/B      / 1340.00= 2680.00/B/Y/  /   .   /26MAR13        /TV94  ▶PFN:03
04 TV/M      / 1270.00= 2540.00/M/Y/  /   .   /01SEP13        /TV94  ▶PFN:04
05 TV/H      / 1190.00= 2380.00/H/Y/  /   .   /26MAR13        /TV94  ▶PFN:05
06 TV/K      / 1120.00= 2240.00/K/Y/  /   .   /26MAR13        /TV94  ▶PFN:06
07 TV/L      / 1040.00= 2080.00/L/Y/  /   .   /26MAR13        /TV94  ▶PFN:07
08 TV/J      /  970.00= 1940.00/J/Y/  /   .   /26MAR13        /TV94  ▶PFN:08
09 TV/Q      /  890.00= 1780.00/Q/Y/  /   .   /26MAR13        /TV94  ▶PFN:09
10 TV/G      /  750.00= 1500.00/G/Y/  /   .   /26MAR13        /TV94  ▶PFN:10
11 TV/V      /  670.00= 1340.00/V/Y/  /   .   /26MAR13        /TV94  ▶PFN:11
12 TV/R      /  600.00= 1200.00/R/Y/  /   .   /14NOV13        /TV94  ▶PFN:12

PAGE 1/1
```

两位成人旅客带一婴儿购买该航程客票,成人旅客购买了H舱客票,婴儿旅客购买了婴儿票,机场费标准为50.00元,燃油附加费标准为120.00元,计算三位旅客应付票款及总票款。

成人票价:

婴儿票价:

成人税费:

婴儿税费:

总票价:

第四章

客票基础知识

- 第一节　客票的定义与分类
- 第二节　客票的信息
- 第三节　客票变更与退票

第一节 客票的定义与分类

引例　电子客票的发展历史

世界上第一张民航电子客票是在1994年由美国西南航空公司(Southwest Airlines)率先推出的,从而创造了世界民航客票销售的新工具——电子客票(E-Ticket),它是一种无纸化的旅客购票信息记录,其性质和原有纸质机票相同,都是由承运人或其代理人销售的旅客航空运输以及相关服务的有价凭证。和纸质客票不同的是,电子客票的信息是以数据的形式储存在出票航空公司的电子记录中,并以电子数据交换替代纸票交换数据来完成信息传递。

电子客票的出现是民航销售业务和数字技术完美结合的产物,其发展则是伴随着互联网(Internet)技术的全球普及而不断提速的。电子客票首先在其诞生地——北美航空运输市场得到普及,现在北美航班上90%以上的座位是通过电子客票的形式销售的,特别是“9•11”事件后,北美航空运输市场进入寒冷的冬季,电子客票无疑为北美航空公司雪中送炭,降低了其销售成本。北美航空运输市场的成功案例推动了电子客票的国际化进程,电子客票已成为国际主流航空公司降低销售成本、扩大市场份额最行之有效的方法之一。国际航空运输协会(IATA)正在凭借其业内影响力积极推进电子客票的全球化。

中国的第一张电子客票是由中国南方航空集团有限公司(China Southern Airlines Company Limited)于2000年3月率先推出的。在2004年,中国三大骨干航空公司均建立了独立的电子机票销售平台,但并未加入国际航空运输协会委托中航信开发的中性电子客票系统。2005年,三大航空公司才开始加入中性电子客票系统。2006年6月,电子客票行程单作为全国统一报销凭证,正式启用,试行两年。民航电子客票在中国发展的时间并不长,在短短的两年中,电子客票经历了由个别使用到市场份额近90%的推广期,电子客票的时代已经到来!

一、客票的定义

客票是指由承运人或代表承运人所填开的被称为“客票及行李票”的凭证。客票是承运人和旅客订立航空运输合同条件的初步证据,是旅客乘坐飞机、托运行李的凭证,同时它也是承运人之间相互结算的凭证。

客票为记名式,只限客票上所列姓名的旅客本人使用,不得转让和涂改,否则客票无效,票款不退。

二、国内客票类别和用途

（一）按票本保存形式分为电子客票和纸票

1. 纸票

目前纸票主要是航空公司纸质本票，纸质本票往往用于航空公司电子客票无法操作的特殊旅客运输、内部人员免费旅行、向客户推出低价促销等，要完全取缔尚需时日。

国内纸质客票由运输合同条件、声明、通知事项；会计联、出票人联、1～2张不等的乘机联和旅客联组成。

（1）会计联供财务部门审核和入账用（目前销售代理采用电子版会计联）；

（2）出票人联供填开客票的单位存查；

（3）乘机联供旅客在客票粗线画出的指定地点之间搭乘飞机用；

（4）旅客联由旅客持有，旅客在使用客票或退票时必须附有旅客联。

纸票封面样本见图4-1。

图4-1　纸票封面

2. 电子客票（E-Ticket）

电子客票是普通纸质机票的电子版，是传统机票的替代品。纸质机票将相关信息打印在专用的机票上，而电子客票则将票面信息存储在定座系统中，具有跟纸票相同的操作功能，执行出票、作废、退票、换开等操作。旅客只需出示有效身份证件及旅行证件即可办理乘机手续。

电子客票可以向用户提供简单、易操作的界面，使用户能够通过Internet，随时随地获取所需信息；它改变了传统的销售模式，移动式的民航定座、出票系统方便了旅客的购买与乘机；通过网上支付票款，资金回流速度加快，有效地降低了票证及资金管理的风险，并解决了资金积压的问题。

电子客票的优点包括：

（1）旅客通过互联网足不出户即可自助完成订购机票，无须再到售票柜台付款，节省了购票时间。

(2)传统机票一旦丢失或未随身携带,将无法乘机,而购买电子客票的旅客无此忧虑,只需凭有效身份证件即可乘机,方便又快捷。

(3)旅客订购机票可以在异地完成。

电子客票存储在计算机定座系统中的票面见图4-2。

```
➢ DETR:TN/999-2406341848
ISSUED BY:AIR CHINA                  ORG/DST:PEK/SHA              ISI:SITI    ARL-D
TOUR CODE:
PASSENGER:王明
EXCH:                                CONJ TKT:
O FM:1PEK  CA  1855  B  25JAN  1755 OK  Y90                20K  OPEN FOR USE
                    RL:BQH3Q  /QZ80B  1E
  TO:SHA
FC:25JAN08PEK CA SHA1020.00Y90CNY1020.00END
FARE:           CNY 1020.00 | FOP:CASH(CNY)
TAX:            CNY 50.00CN | OI:
TAX:            CNY 100.00YQ |
TOTAL:          CNY 1170.00 | TKTN:999-2406341848
```

图4-2 电子票票面

国内电子客票行程单见图4-3。

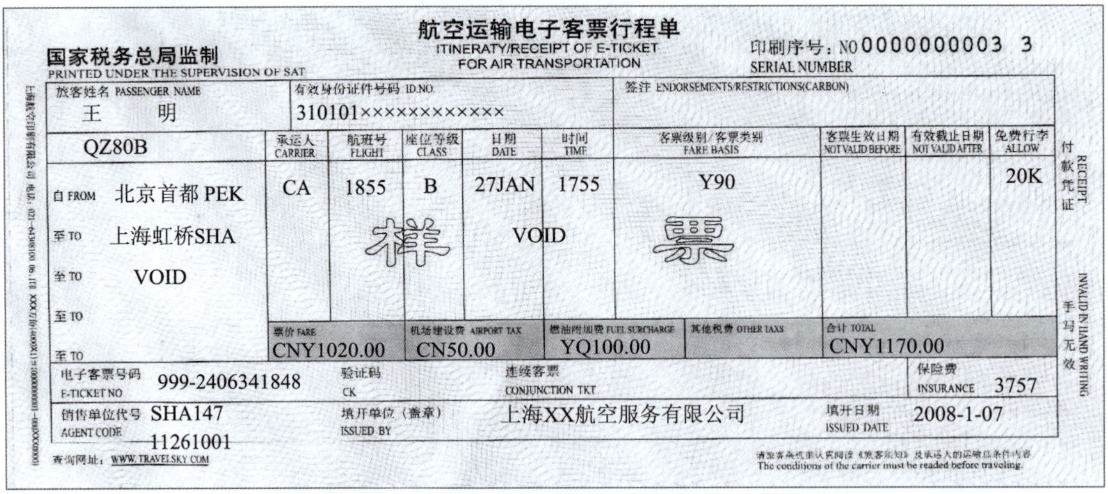
航空运输电子客票行程单
ITINERARY/RECEIPT OF E-TICKET FOR AIR TRANSPORTATION
国家税务总局监制 PRINTED UNDER THE SUPERVISION OF SAT
印刷序号:NO0000000003 3 SERIAL NUMBER

旅客姓名 PASSENGER NAME	有效身份证件号码 ID.NO.	签注 ENDORSEMENTS/RESTRICTIONS(CARBON)
王 明	310101×××××××××××	

QZ80B	承运人 CARRIER	航班号 FLIGHT	座位等级 CLASS	日期 DATE	时间 TIME	客票级别/客票类别 FARE BASIS	客票生效日期 NOT VALID BEFORE	有效截止日期 NOT VALID AFTER	免费行李 ALLOW
自 FROM 北京首都PEK	CA	1855	B	27JAN	1755	Y90			20K
至 TO 上海虹桥SHA				VOID					
至 TO VOID									
至 TO									
至 TO	票价 FARE CNY1020.00	机场建设费 AIRPORT TAX CN50.00		燃油附加费 FUEL SURCHARGE YQ100.00		其他税费 OTHER TAXS	合计 TOTAL CNY1170.00		

电子客票号码 E-TICKET NO	999-2406341848	验证码 CK		连续客票 CONJUNCTION TKT		保险费 INSURANCE	3757
销售单位代号 AGENT CODE	SHA147 11261001	填开单位(盖章) ISSUED BY	上海XX航空服务有限公司			填开日期 ISSUED DATE	2008-1-07

查询网址:WWW.TRAVELSKY.COM

The conditions of the carrier must be readed before traveling.

付款凭证 RECEIPT

手写无效 INVALID IN HAND WRITING

图4-3 国内电子客票行程单

A4纸式样国际电子客票行程单见图4-4。

航空公司记录编号：NC3BMD　　定座记录编号：T73WZ

旅客姓名：WANG/LING MS　　票号：016-1935850441

身份识别代码：　　联票：

出票航空公司：UNITED AIRLINE　　出票时间：15MAY08

出票代理人：　　航协代码：

代理人地址：

电话：02112345678　　传真：

始发地/目的地	航班号	舱位	日期	时间	有效日期	状态	行李
上海浦东	UA858	Q	18JUN	1225	18JUN18JUN	OK	2PC
旧金山	UA176	Q	18JUN	1130	18JUN18JUN	OK	2PC
波士顿	UA173	Q	28AUG	0830	28AUG28AUG	OK	2PC
旧金山	UA857	Q	28AUG	1343	28AUG28AUG	OK	2PC
上海浦东							

票价计算：

18JUN08SHA UA X/SFO UA BOS682.32UA X/SFO UA SHA682.32NUC1364.64END ROE7.108060 XT

CNY216.00USCNY35.00XACNY49.00XYCNY39.00YCCNY1888.00YQCNY32.00XFSFO4.5

付款方式：CASH　　税款：CNY90.00

CNY54.00

CNY2259

机票款：CNY 9700.00

总 额：CNY 12103.00

限制条件：NON-REF PNLTY/CHNG FEE

须知：

请旅客乘机前仔细阅读《旅客须知》及承运人的运输总条件。

图4-4　国际电子客票行程单

(二)按运输性质分为国内客票和国际机票

1. 国内纸质客票样本(图4-5)

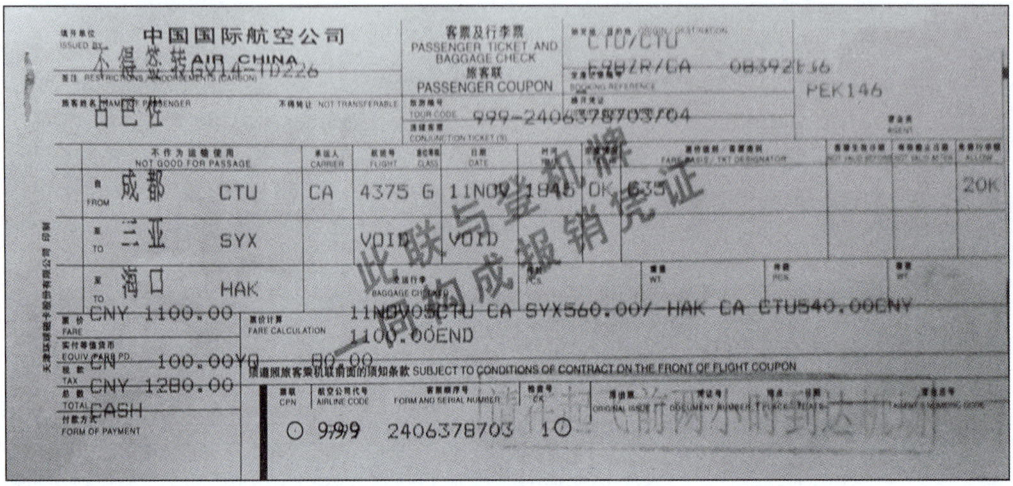

图4-5　国内纸质客票样本

2. 国际纸质客票样本(图4-6)

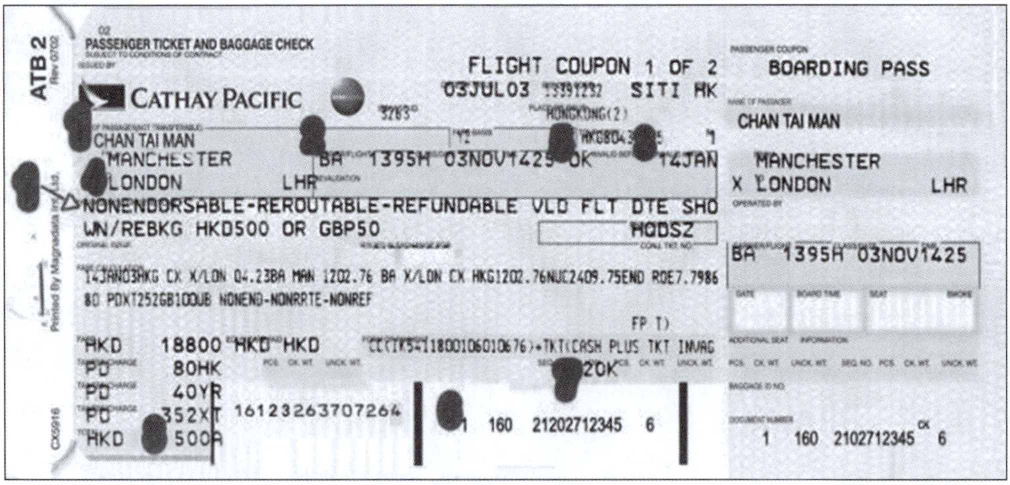

图4-6　国际纸质客票样本

(三)按航程类型分为单程客票、联程客票、来回程客票

(1)单程客票:客票中只有单个航班的客票。

(2)联程客票:客票中有两个以上航班组成的客票。

(3)来回程客票:始发回到始发地的客票。

(四)按使用期限分为定期客票和不定期客票

(1)定期客票是指列明航班、乘机日期和定妥座位的客票。

(2)不定期客票是指未列明航班、乘机日期和未定妥座位的客票。不定期客票的航班信息栏目全部为OPEN(不定期)。

(五)按乘机联数分为一联客票和二联客票

纸票按照其乘机联的数目分为一联客票和二联客票。一联客票只能填开1个航段,而二联客票可以填开2个航段。国际电子客票的每张票最多有4个航段,而国内电子客票每张票最多有2个航段。

小链接

电子客票的购买方式

电子客票可以通过电话、网络和到柜台现场三种方式购买。购买成功后,旅客可致电航空公司服务热线或登录网站核查机票。

电话购票:拨打航空公司或者机票代理点电话,确定合适的航班后告知售票方姓名和有效证件号码,协商支付方式(多为上门收款),交款后获得机票票号;

网络购票:登录各个航空公司网站或代理商订票平台,确定合适的航班后输入姓名和有效证件号码等所要求的购票信息,网上支付票款,获得机票票号。

现场购票:确定合适的航班后告知售票方姓名和有效证件号码,现场支付票款,获得机票票号。

第二节 客票的信息

引例 机票日期英文标注,消费者看不懂日期

旅客在某机票代售点预定了1月16日从南京飞往乌鲁木齐再飞往阿克苏的航班。由于工作人员失误,乘机日期订成了12月16日,电子客票行程单显示日期是"16 DEC"。由于旅客不懂英文,未及时发现错误导致错过航班。旅客投诉后,销售人员责怪旅客不懂英文,未认真核对。

根据《公共航空运输服务质量》(GB/T 16177—2007)第6.31条:"售票应认真核对旅客的有效身份证和填写的购票单,运输一致后方可填写运输凭证。"从投诉叙述看出,售票处和当事人都负有责任。因此,本案客票可以按相关规定做退票处理。

鉴于目前电子客票行程单内容为英文或代码,不符合国人阅读习惯。消费者协

会认为,在中国境内服务的航空公司提供的民航客票等承运凭据,应当加注中文标注。中国民用航空局已要求自2011年12月1日起在行程单中增加中文标注,以更好地保护旅客的知情权。

一、纸质客票栏目内容

国内纸质客票如图4-7所示。

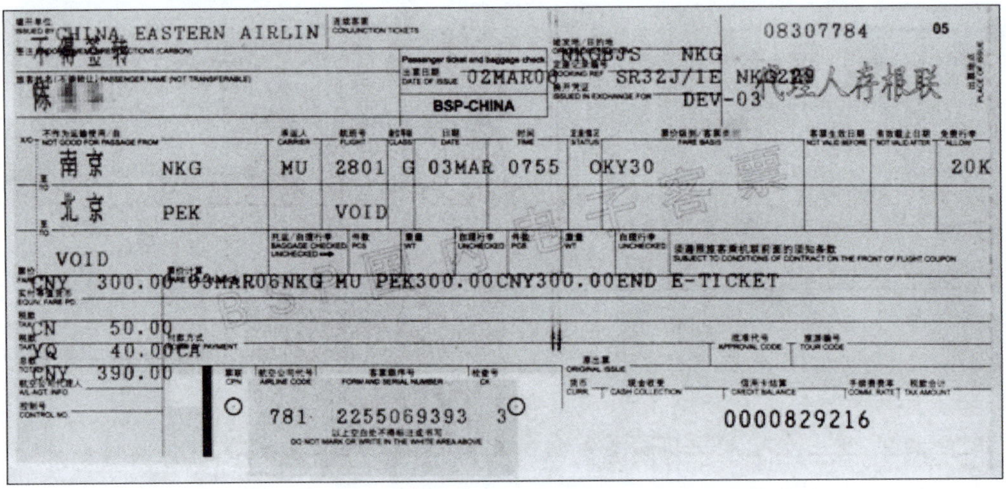
CHINA EASTERN AIRLIN

BSP-CHINA

08307784 05

02MAR06

NKGBJS NKG

SR32J/IE NKG229

DEV-03

代理人存根联

陈

南京	NKG	MU	2801	G	03MAR	0755	OKY30	20K
北京	PEK		VOID					
VOID								

CNY 300.00 03MAR06NKG MU PEK300.00CNY300.00END E-TICKET

CN 50.00

YQ 40.00CA

CNY 390.00

781 2255069393 3

0000829216

图4-7 国内纸质客票

(一)"旅客姓名"栏

该栏应填写旅客姓名。按照旅客定座单上的旅客全名填写,旅客定座单上的姓名必须与旅客身份证上的姓名和定座记录上的姓名一致。外国旅客的姓名先写姓氏,其后画一斜线,再填写名字和称谓。如果名字不便使用或此栏无足够的地方填写时,可以用名字的首个字母取代。当姓氏中包含连字符或复姓氏时,要去掉连字符或空白间隔。此外,如需填写表明特殊用途的代号时,将代号填在姓名后。

【例4-1】王英 → 王英

【例4-2】MR.WILLIAM. HENRY HARRISON → HARRISON/W H MR.

【例4-3】张迪(出生年月:2015年8月) → 张迪 CHD

特殊称谓代号及含义见表4-1。

特殊称谓代号及含义　　表4-1

特殊称谓代号	含　义
CHD	儿童票
INF	婴儿票

续上表

特殊称谓代号	含　　义
CBBG	占用座位的行李
DEPU	无人押解的被遣返旅客
DEPA	有人押解的被遣返旅客
INAD	不受欢迎的人
DIPL	外交信使
EXST	占用一个以上座位的付费旅客
SP	无自理能力或病残等原因需要特别护理的旅客
STCR	使用担架的旅客
UM	无成人陪伴儿童(随后填写年龄)

(二)运输有效航段——“自…至…”栏

该栏应填写旅客的航程。在“自…”栏内填写始发城市名称，在“至…”栏内填写每一个连续的中途分程，衔接(联程)点或目的地。若一个城市有两个或两个以上机场，应在城市名旁加上机场三字代码。当航程需要使用两本以上(含两本)序号相连的客票时，则将前一本客票的最后一个城市名称填入下一本客票的“自…”栏内。不得使用城市三字代码或简语填写城市名称。

(三)“承运人”栏

该栏应填写各航段上已经申请座位或定妥座位的承运人二字代码。不定期客票不指定承运人时，此栏可不填或填入YY；指定承运人时，应填入承运人的二字代码。

(四)“航班号”栏

该栏应填写各航段已经申请座位或定妥座位的航班号。

(五)“座位等级”栏

该栏应填写各航段已经申请座位或定妥座位的舱位等级代号，舱位等级代号必须与票价一致。

(六)“日期”栏

该栏应填写各航段已经申请座位或定妥座位的乘机日期和月份。日期在前面，用两位数字表示，如：8日为08；月份用英文的月份简写表示。

【例4-4】九月八日　　08SEP

(七)“时间”栏

该栏应填写各航段已经申请座位或定妥座位的航班离站时间，时间用24小时制表示，离站时间均为各始发地当地时间。

【例4-5】早上八时三十五分 0835

(八)"定座情况"栏(表4-2)

"定座情况"栏代号及含义 表4-2

"定座情况"栏代号	含　义
OK	座位已定妥
RQ	已申请定座,但尚未确认,或列入候补
NS	婴儿不占座位
SA	运价或规定不允许定座,利用空余座位

(九)"票价级别/客票类别"栏

该栏应填写旅客所付票价的级别及折扣代号,折扣代号及含义见表4-3。

折扣代号及含义 表4-3

折扣代号	含　义
CH	儿童票价
IN	婴儿票价

【例4-6】购买经济舱的成人全票价 Y

【例4-7】购买经济舱的儿童票 YCH50

【例4-8】购买经济舱的婴儿票 YIN10

【例4-9】购买4.5折的明折明扣票 Y45

【例4-10】购买国航特殊运价产品 W/IDD6C05-224

(十)"免费行李额"栏

该栏应填写旅客所持客票的座位等级或所付票价享受的免费行李额。一般F舱填40KG,C舱填30KG,Y舱填20KG。

(十一)"票价计算"栏

该栏应填写票价的计算过程或票价的使用依据,如果票价是分段相加组合的,应将各航段的票价列明。如果需要填开两本(含)以上客票时,在每一本客票的"票价计算"栏内都要填写。

(1)革命伤残军人票价应填写伤残军人证书及证书号码,如"革命伤残军人证00128"。

(2)免票、优惠票填写授权出票通知单号码,如"授权通知书011288"。

(3)一团一议的团体票价填写经审批同意的票价代号。

(4)旅客误机应盖上"误机/NO SHOW"印章,并注明时间。

（十二）“票价”栏

该栏应填写全航程的票价总额。如果需要填开两本（含）以上客票时，在每一本客票的“票价”栏内都要填写全航程的票价总额，在票价总额前加上货币代号“CNY”。

【例4-11】

CNY900.00

（十三）“实付等价货币”栏

如果用旅费证或预付票款通知换开的客票，应填写其实付货币代号和金额。国内客票一般不填。

（十四）“税款”栏

该栏应填写货币代号和税金，根据国家的有关规定，目前机场建设费以及燃油附加费填写在此栏目。

（十五）“总数”栏

该栏应填写票价栏金额和税款栏金额的总金额。如需填开两本（含）以上的客票，在每一本客票的“总数”栏内都要填写，填写方法与“票价”栏相同。

（十六）“付款方式”栏

该栏应填写旅客付款方式的代号，见表4-4。

“付款方式”栏代号及含义　　表4-4

“付款方式”栏代号	含　义	“付款方式”栏代号	含　义
CASH	现金	PTA	预付票款通知
CHECK/CHEQUE	支票	MCO	旅费证
TKT	客票	信用卡代号	各种信用卡代号

（十七）“始发地/目的地”栏

旅客的航程只需填开一本客票时，此栏可不填。当旅客的航程需用两本（含）以上客票时，每本客票都应填写始发地和目的地的城市三字代号。

【例4-12】

SHABJS

（十八）“定座记录编号”栏

该栏应填写旅客定座记录编号。

（十九）“旅游编号”栏

该栏应填写旅游编号，无编号可空着不填，也可填写。

（二十）“换开凭证”栏

该栏应填写使用换开客票的原客票、旅费证或预付票款的凭证的号码。

（二十一）“连续客票”栏

当全航程使用两本（含）以上客票时，在每一本客票的此栏内填写全部客票的所有客票号。

（二十二）“原出票”栏

如果该客票是换开的，在新客票的此栏内填写换开凭证的出票承运人、凭证号、地点、日期、营业员号。

（二十三）“签注”栏

该栏应填写使用整本客票或某一乘机联时需要特别注明的事项，大致分为三项内容：签转、更改、退款。当旅客有更改客票的要求时，应特别注意此项内容。

（二十三）“出票日期和地点”栏

该栏应填写出票日期、地点以及出票人签字，并加盖业务用章。

二、电子行程单信息

电子客票行程单样本如图4-8所示。

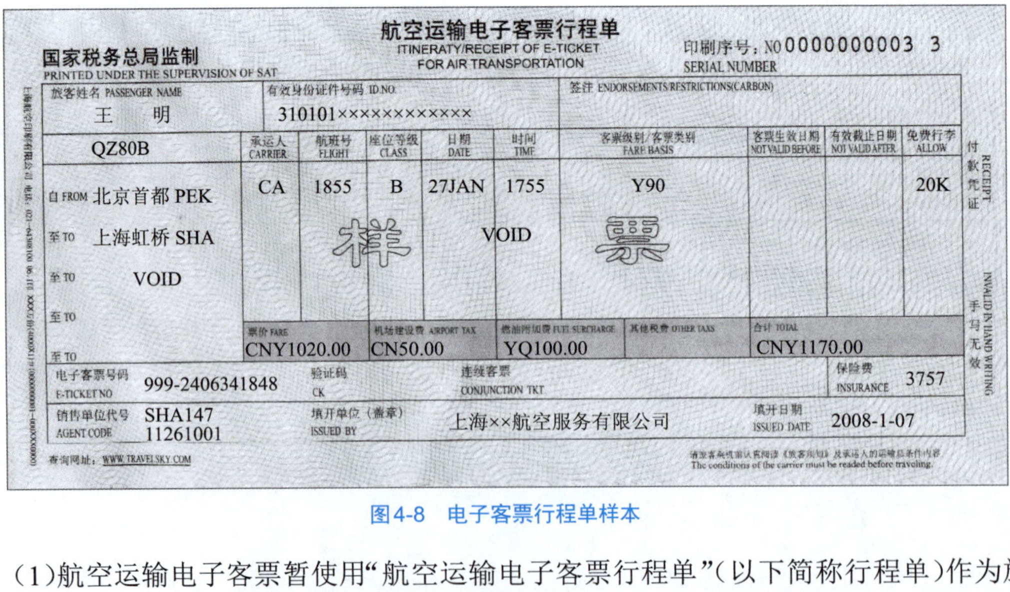

航空运输电子客票行程单
ITINERARY/RECEIPT OF E-TICKET
FOR AIR TRANSPORTATION

国家税务总局监制
PRINTED UNDER THE SUPERVISION OF SAT

印刷序号：NO 0000000003 3
SERIAL NUMBER

旅客姓名 PASSENGER NAME	有效身份证件号码 ID.NO.	签注 ENDORSEMENTS/RESTRICTIONS(CARBON)
王　明	310101××××××××××	

QZ80B	承运人 CARRIER	航班号 FLIGHT	座位等级 CLASS	日期 DATE	时间 TIME	客票级别/客票类别 FARE BASIS	客票生效日期 NOT VALID BEFORE	有效截止日期 NOT VALID AFTER	免费行李 ALLOW
自 FROM 北京首都 PEK	CA	1855	B	27JAN	1755	Y90			20K
至 TO 上海虹桥 SHA					VOID				
至 TO VOID									
至 TO									
至 TO	票价 FARE CNY1020.00		机场建设费 AIRPORT TAX CN50.00		燃油附加费 FUEL SURCHARGE YQ100.00	其他税费 OTHER TAXS	合计 TOTAL CNY1170.00		

电子客票号码 E-TICKET NO 999-2406341848　验证码 CK　连续客票 CONJUNCTION TKT　保险费 INSURANCE 3757

销售单位代号 AGENT CODE SHA147 11261001　填开单位（盖章）ISSUED BY 上海××航空服务有限公司　填开日期 ISSUED DATE 2008-1-07

查询网址：WWW.TRAVELSKY.COM

The conditions of the carrier must be readed before traveling.

付款凭证 RECEIPT

手写无效 INVALID IN HAND WRITING

样票

图4-8　电子客票行程单样本

（1）航空运输电子客票暂使用“航空运输电子客票行程单”（以下简称行程单）作为旅客购买电子客票的付款凭证或报销凭证，其同时具备提示旅客行程的作用。

（2）行程单采用一人一票，不作为机场办理乘机手续和安全检查的必要凭证使用。行程单不能重复打印，遗失不补。

（3）行程单中的信息与纸质客票基本相同，主要包括旅客姓名、航程航班、票价、税款以及客票总额等，还包括了旅客证件号码。

三、A4纸国际客票电子行程单信息

A4纸国际客票电子行程单信息如图4-4所示。

A4纸国际电子客票行程单与国内纸质机票和国内电子客票行程单在格式上有一定的差异，但包含的内容基本一致，下面把行程单主要栏目中常见的英文代号做进一步介绍。

1. 旅客姓名（NAME OF PASSENGER）

旅客姓名栏，先填入旅客的姓，画一斜线，后填入名及称谓或特殊旅客代码。

例如：

ALERT/B MR

WANG/YUYING MS

LIU/LING UM 10YRS

2. 限制条件（ENDORSEMENT/RESTRICTIONS）

例如：

NON-ENDORSABLE/NON-REROUTABLE/NON-REFUNDABLE

NON-END/NON-RER（RRT/RTG）/NON-REF（RFD）

不得签转、不得更改行程、不得退票

PNLTY/CHNG FEE

更改航班收取变更费

VALID ON NW ONLY

仅限NW

VALID BETWEEN 09SEP AND 08DEC

在9月9日和12月8日内有效

VADLI ON DATE SHOWN ONLY/ NOT CHG DATE

不得更改航班日期

VALID ON NW026 ONLY

仅限NW026航班

PENALTY APPLIES ON CHANGE OF BOOKING

更改定座收取罚金

1ST CHNG FREE 2ND CHNG CHY 750CNY

第一次更改免费，第二次更改收取更改费750元人民币

NW026 C 10SEP 1000 PVGNRT RQ

申请 NW026 10:00起飞浦东至东京成田机场C舱航班的座位

3. 有效日期（NOT VALID BEFORE，NOT VALID AFTER）

此栏通常标出整个航程或某个航段的乘机有效期，前面日期为生效日期，后面日期为截止日期，例如：

PASSAGE(航段)	DATE(日期)	FB(运价级别)	生效日期和截止日期
SHANGHAI PVG	24NOV	Y	24FEB
PARIS CDC	26DEC	Y	01DEC 24FEB
SHANGHAI PVG			

上表表示去程PVG-CDG段预订的日期是11月24日,但不能延期至次年2月24日之后使用;回程CDG-PVG预订的日期是12月26日,但不能改至12月1日之前使用以及在次年2月24日之后使用。

如果在有效日期栏中左右两个日期相同,表示该航班不能更改日期,如果更改则需要收费。

4. 免费行李额(ALLOW)

计重制:20KG/30KG/40KG

计件制:1PC/2PC

婴儿票:NIL(表示没有免费行李额)

5. 机票款(FARE)

填入的内容可以是航空票价的总数(运输始发国货币)或填入特定的代码符号。当一个旅客用几本连续客票时,其所有客票应填写完全相同的总航程票款或代码符号。

人民币:CNY

美金:USD

欧元:EUR

英镑:GBP

日元:JPY

澳元:AUD

6. 税(TAX)

行程经过某国家或城市时,须加付当地政府规定的税金。给购票的旅客填开客票需收税款时,应将各类所收的税款金额依次填入此栏。

7. 总额(TOTAL)

填入适用的付款货币代码及机票款与税款金额之和。

四、客票的其他信息

(一)客票有效期

(1)客票自旅行开始之日起,一年内运输有效。如果客票全部未使用,则从填开客票之日起,一年内运输有效。

(2)客票有效期的计算,从旅行开始或填开客票之日的次日凌晨起至有效期满之日次日凌晨为止。

（3）特殊票价的客票有效期，按照承运人规定的适用票价的有效期计算。

（二）客票使用的一般规定

（1）每一名旅客单独持有一本客票，婴儿和团队旅客也应单独持有客票。

（2）旅客在定妥座位后，一般须在航班起飞前72h出票，团队旅客出票时限一般为航班起飞前一周。

（3）如在联程地或折返地停留72h以上，应做座位再证实。

（4）旅客预定联程航班座位，应根据各机场公布的航班最短衔接时间的有关规定，避免错过连接航班。

（5）每一个不同的航班，每一个不同承运人航段，每一个中途分程航段，每一个不同的座位等级，每一个不同的定座情况航段，应有一张乘机联。

（6）客票的乘机联必须按照客票所载明的航程，从出发地点开始，按顺序使用。

（7）不定期客票要在定妥座位后方可使用。

（8）纸制客票只有当乘机联与旅客联一同使用时，其乘机联方可被用于运输。缺少上述任何一联，客票即被视为无效。

（9）旅客遗失纸质客票，应以书面形式向航空公司申请挂失，并提供原购票的日期、地点、有效身份证件以及足以证实客票遗失的其他证明。在原遗失客票有效期满申请退款前，客票如已被冒用、冒退，航空公司不承担责任。

（10）购买客票须凭本人的有效旅行证件（包括但不限于身份证、护照、签证等）。购买客票时使用的有效旅行证件应与办理乘机手续时出示的有效旅行证件相同。具体内容参考第七章。

第三节　客票变更与退票

引例　机票退票乱象何时休？

杨女士投诉，她在广州一国际旅行社开的网站上花了6672元订了三张从武汉到长春的机票，因为突然有急事不能成行，故要求网站取消行程。联系网站客服后，客服的答复是，特价机票不能退。消费者又联系了执行航班的深圳航空公司，航空公司方面说，可以退机票，但要按照票价的20%扣除1000多元的手续费。于是，杨女士又找到网站，网站这时又改口说，因为是特价机票，只能退还给杨女士672元。

消费者觉得网站有意刁难顾客，就投诉到工商部门。后经双方协商，网站同意按航空公司的规定，扣除20%的手续费，退还杨女士剩余的钱。

一、客票变更

(一)定义

在客票有效期内所发生的承运人、航班、乘机日期或舱位的改变称为变更。

(二)分类

变更分为自愿变更和非自愿变更。

(1)自愿变更:由于旅客原因引起的客票变更。

(2)非自愿变更:由于航班取消、提前、延误、航程改变等原因未能向旅客提供已经定妥的座位(包括舱位等级),或未能在旅客的中途分程地点或目的地停留,或造成旅客已经定妥座位的航班衔接错失,旅客要求变更客票,均属于非自愿变更。导致非自愿变更的原因可分为承运人原因(机务、飞行、商务等)和非承运人原因(天气、交通管制、安检等)。

(三)处理

1. 变更航班日期

旅客购票后,如要求变更航班和日期,航空公司及其代理人根据所持客票的适用条件(包括票价规定),在航班有可利用座位和时间允许的条件下给予办理,旅客须承担由此造成的票款差额和其他相关费用。如在客票上已经注明"不得更改航班、日期"字样,则不得更改。

2. 变更舱位

旅客购票后,如要求变更舱位等级,航空公司及其代理人应在航班有可利用座位和时间允许的条件下予以办理。一般情况下,如旅客降低舱位等级,则先按自愿退票办理,后重新购票;升舱则补收差价。

3. 变更承运人

旅客购票后,如要求变更承运人(签转),航空公司根据旅客及持票证的适用条件办理客票签转手续,但客票签转仅限于与承运人有结算协议的承运航空公司之间进行。若客票上已注明"不得签转""NON-END"或"NON-ENDORSABLE",则该客票不得签转;如果未注明上述字样,在征得原承运人或出票承运人同意后,在新的航空公司航班座位允许的条件下予以签转。代理人无权办理签转手续。

4. 非自愿变更

由于航空公司原因造成旅客的客票需要变更舱位等级,航空公司会为旅客安排后续航班,费用的差额多退少不补。由于航空公司原因需要变更航班或乘机日期或承运人,航空公司会在征得乘机人的同意后,为旅客办理改签手续。如果乘机人不同意所更改的信息,航空公司可将此客票办理全退。

5. 变更航程与乘机人

乘机人不得变更,按自愿退票处理;航程在国内运输中一般也不得变更,按自愿退票处理。

二、退票

（一）定义

退票指在有效期内未使用的部分或全部航段的票证，旅客要求退还其所支付的客票款。

（二）分类

退票分为自愿退票和非自愿退票，与客票变更分类相同。

（三）一般规定

（1）对于旅客所持客票，在有效期内未使用的部分或全部航段的票证，承运人接受其符合客票所载适用条件的退票申请。

（2）承运人将票款按票面显示的付款方式退还给客票上列明的乘机人、付款人或被委托人。

（3）除了客票遗失的情况外，退票时纸质客票应包括完好的未使用航段的“乘机联”以及“旅客联”。电子客票未使用航段的乘机联客票状态应为“OPEN FOR USE”（客票有效）。已打印行程单的旅客，必须凭行程单原件办理退票。旅客退票时应持本人购票时的身份证件原件。委托他人办理退票手续的，受托人应携带委托书、客票所列明的乘机人的有效身份证件、受委托人的有效身份证件（或复印件）及客票。

（4）退票期限：旅客要求退票，应在首次运输开始之日起（客票第一航段未使用的，从客票填开之日起）13个月内提出，逾期不予办理。

（5）退票地点。

①旅客在出票地要求退票，应在原购票地点办理退票手续。

②旅客非自愿退票，可在原购票地、航班始发地、经停地、终止旅行地的承运人直属售票处或引起非自愿退票事件发生地的承运人授权销售代理人办理。

③通过承运人官方网站购买电子客票的旅客，须在承运人官方网站上提交退票申请。

（6）非自愿退票。

①客票全部未使用，退还全部票款及税费，免收退票手续费。

②客票已部分使用，应从全部票款中，扣除已使用航段的适用票价，将其余额与未使用航段的票价比较，取其高者退还旅客，但不得超过原票价总额，未使用的税费退还旅客，免收退票手续费。

（7）自愿退票：客票上已注明“不得退票”“NON-REF”或“NON-REFUND”，该客票不得退票。

①客票已部分使用，扣除已使用航段的适用票价、相关税费和退票手续费，将余额退还旅客。

②若已使用航段的适用票价与全程票价相比后，已使用航段的适用票价大于或等于全程票价时，未使用航段票款不退，其中未使用航段的可退税费退还旅客。

（8）退票手续费。

①普通旅客承运人按各自规定向旅客收取各航段的退票手续费，表4-5为东航各航位退改签规定。

东航各舱位退改签规定

表4-5

<table>
<tr><th>舱　位</th><th>签转规定</th><th>改签手续费</th><th>退票手续费</th></tr>
<tr><td>F/150%</td><td rowspan="3">可签转</td><td rowspan="9">起飞前同等舱位开放时可免费更改一次</td><td rowspan="3">起飞前后均按票价的5%收取</td></tr>
<tr><td>C/130%</td></tr>
<tr><td>Y/100%</td></tr>
<tr><td>B/90%</td><td rowspan="11">不得签转</td><td rowspan="2">起飞前后均按票价的10%收取</td></tr>
<tr><td>H/80%</td></tr>
<tr><td>L/75%</td><td rowspan="4">起飞前后均按票价的20%收取</td></tr>
<tr><td>M/70%</td></tr>
<tr><td>N/65%</td></tr>
<tr><td>R/60%</td></tr>
<tr><td>V/50%</td><td rowspan="4">变更航班或日期收取全价的5%作为更改费。变更费不得低于50元</td><td rowspan="4">起飞前后均按票价的50%收取</td></tr>
<tr><td>T/45%</td></tr>
<tr><td>W/40%</td></tr>
<tr><td>X/35%</td></tr>
<tr><td>G/30%</td><td>不得更改</td><td>不得退票</td></tr>
</table>

②持革命伤残军人和因公致残人民警察票价客票的旅客要求退票时,免收退票手续费。

③按普通票价10%计收的婴儿客票的旅客要求退票时,免收退票手续费。儿童客票按成人标准扣除退票手续费。

④旅客因病要求退票,需提供三级甲等(含)以上医疗单位出具的客票列明航班飞行期间不适宜乘机的医生诊断证明,免收退票手续费。患病旅客的陪伴人员要求退票,须附患病旅客的客票复印件及相关证明复印件,并与患病旅客同时办理退票手续,免收退票手续费。每一患病旅客最多可申请办理2名陪伴人员的免手续费退票。

⑤持特种票价客票的旅客要求退票,除另有规定外,按自愿退票的规定收取退票手续费。

本章小结

随着民航电子客票的普及与推广,虽然纸质客票在运输中越来越少采用,但电子客票以及行程单的格式与内容均源自纸质客票,所以先通过学习纸质客票上的内容,可以更加容易掌握电子客票上的信息。

国际客票的格式和内容与国内客票基本相同,但栏目中常出现一些英文代号,掌握这些英文代号可以更好地阅读国际客票。

思考与练习

一、单选题

1.（　　）是承运人和客票上所列姓名的旅客之间运输合同的初步证据。

A. 行李牌　　B. 购票单

C. 客票　　D. 乘机纪念品

2. 纸质客票包括（　　）。

A. 乘机联　　B. 旅客联

C. 运输合同条件和声明　　D. 以上都应包括

3. 某旅客于2012年6月7日购买6月10日下午2:00的上海至广州的单程客票一张，购票后旅客未使用该客票，则该客票的有效期至（　　）结束。

A. 2013年6月7日24:00　　B. 2013年6月8日24:00

C. 2013年6月10日24:00　　D. 2013年6月10日14:00

4. 婴儿票的定座状况栏应填写（　　）。

A. OK　　B. RQ

C. NS　　D. RR

5.（　　）是承运人和客票上所列姓名的旅客之间运输合同的初步证据。

A. 行李牌　　B. 购票单

C. 客票　　D. 乘机纪念品

6. 为国内旅客填开国际客票时，可使用（　　）填写姓名。

A. 中文　　B. 拼音

C. 拼音简写　　D. 以上都对

7. 乘机日期为七月五日，客票上应表示为（　　）。

A. 07/05　　B. 05/07

C. 05JUN　　D. 05JUL

8. 客票上"定座情况"栏的代号为（　　），表示已定妥座位。

A. OK　　B. RQ

C. NS　　D. SA

9. 持国内头等舱婴儿票旅客的免费行李额为（　　）。

A. 20kg　　B. NIL

C. 30kg　　D. 40kg

10. 现役解放军军官购票可出示（　　）。

A. 军官证　　B. 警官证

C. 士兵证　　D. 文职干部证

11. 国内航班经济舱5折票的旅客的免费行李额是（　　）。

A. 0kg　　B. 10kg

C. 15kg　　　　D. 20kg

二、根据电子客票行程单答题

1. 客票号码________________。
2. 航班号________、航程(写中文全称)________________。
3. 舱位等级________________。
4. 票价________________。
5. 税款种类________________。
6. 客票总额________________。
7. 付款方式________________。
8. 旅客定座记录编号________________。
9. 旅客是否可以相同航班推迟3d,收费多少?________________。
10. 旅客是否可以改签3d后CA1501航班,为什么?________________。
11. 旅客是否可以办理退票,应收取多少退票费?________________。

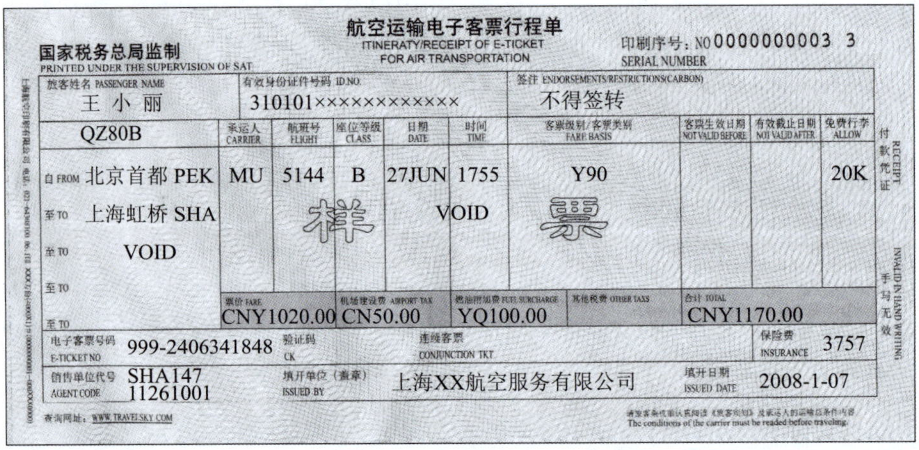
航空运输电子客票行程单
ITINERATY/RECEIPT OF E-TICKET FOR AIR TRANSPORTATION
国家税务总局监制 PRINTED UNDER THE SUPERVISION OF SAT
印刷序号:NO 0000000003 3 SERIAL NUMBER

旅客姓名 PASSENGER NAME: 王 小 丽
有效身份证件号码 ID.NO.: 310101××××××××××××
签注 ENDORSEMENTS/RESTRICTIONS(CARBON): 不得签转

QZ80B	承运人 CARRIER	航班号 FLIGHT	座位等级 CLASS	日期 DATE	时间 TIME	客票级别/客票类别 FARE BASIS	客票生效日期 NOT VALID BEFORE	有效截止日期 NOT VALID AFTER	免费行李 ALLOW
自 FROM 北京首都 PEK	MU	5144	B	27JUN	1755	Y90			20K
至 TO 上海虹桥 SHA				VOID					
至 TO VOID									
至 TO									
至 TO									

票价 FARE	机场建设费 AIRPORT TAX	燃油附加费 FUEL SURCHARGE	其他税费 OTHER TAXS	合计 TOTAL
CNY1020.00	CN50.00	YQ100.00		CNY1170.00

电子客票号码 E-TICKET NO: 999-2406341848　验证码 CK　连续客票 CONJUNCTION TKT　保险费 INSURANCE: 3757

销售单位代号 AGENT CODE: SHA147 11261001　填开单位(盖章) ISSUED BY: 上海XX航空服务有限公司　填开日期 ISSUED DATE: 2008-1-07

查询网址:WWW.TRAVELSKY.COM

请旅客务必认真阅读《旅客须知》及承运人的运输总条件内容
The conditions of the carrier must be readed before traveling.

付款凭证 RECEIPT　手写无效 INVALID IN HAND WRITING

第五章

国际旅行证件

- 第一节　护照
- 第二节　签证
- 第三节　旅行信息手册(TIM)

引例 未告知护照过期导致行程取消

某旅游频道一位网友称，他于2013年9月13日完成支付了某旅行社11210元人民币用于张超、张化赴首尔一地半自助5日游团费，并签订了编号为T0002343的旅游合同。该旅行社于2013年9月22日告知张化护照过期，不能送签。张化提出马上申请加急办理新护照，2013年9月27日可交给该旅行社。而该旅行社回复，2013年9月27日拿到护照来不及送签。至此，合同不得不解除。随后，该旅行社提出要扣除该网友2000元人民币的团款作为违约金。但是，在合同签订前，该旅行社失职未核实顾客出境资格，在时间范围不允许的情况下盲目诱导顾客签订合同，交纳团费；此外在旅游合同中并未规定具体的提交护照时间，来不及送签是该旅行社的过失。

为了保卫国家的主权和安全，世界各国都在对外开放的国际机场、港口、国境车站或通道以及特许的出入境口设立边防检查机构进行检查。其职责是对进入国境的内外人员实施护照证件检查，依法处理违法人员。

公民在国与国往来间，必须持有本国政府颁发的合法护照，同时护照内必须具有前往国的有效签证，这样才能离开本国国境，进入前往国家或地区。如果持照人在国外旅行、居留期间发生意外，所在国首先必须依照其所持护照，判明身份和国籍，然后再决定如何处理。同样，护照颁发国的驻外机构也要根据护照来决定如何提供帮助或外交保护等。

第一节 护照

一、护照的定义与作用

护照是一个国家的公民出入本国国境和到国外旅行或居留时，由本国发给的一种证明该公民国籍和身份的合法证件。

护照一词在英文中是口岸通行证的意思。也就是说，护照是公民旅行通过各国国际口岸的一种通行证明。所以，世界上一些国家通常也颁发代替护照的通行证件。

护照在国际旅游中都必须要用到，通常在跨越国与国的边境时需要使用。但是有些时候，某些国家的公民出境到另外一个国家时，由于国与国之间订立了某些契约（如欧盟），无须出示护照，但可能会以其他身份证明文件来证明身份，如驾驶执照、个人身份证、护照上的签证。

二、护照的分类

目前世界上大多数国家颁发的护照，可分为普通护照、外交护照、公务护照三种；个别国家只发一种护照（如英国）；少数国家发两种护照（如印度和巴基斯坦等）；也有的国家发四五种护照（如美国和法国等）。

（1）普通护照：发放的对象是普通公民。

（2）外交护照：发放的对象是外交官和外交代表，或者是根据某些国家法规而发放给该国的公务员。持有外交护照并不自动享有外交豁免权。持有外交护照，在一些国家会给予不同于非外交护照的签证礼遇。

（3）公务护照：发放的对象是政府派出执行公务的雇员（或者技术和行政人员），因为他们不具有外交官资格或维也纳公约认可的外交身份。持有公务护照，在一些国家会有不同于普通护照的签证礼遇。

（4）家庭护照：是一种只发放给家庭（家长和儿童）而不是个人的护照，美国政府已经不再发放此种护照。一般情况下，成人与16岁以下儿童可以共同申领一本护照。凡不满16岁的儿童需要和成人合办一本护照的，则该儿童即为"偕行儿童"。偕行儿童不能单独成行。如果成人和儿童分别办理护照的，该儿童不能称为偕行儿童。

（5）商务护照：发放给那些频繁旅行的人，这种护照的页数比普通护照多。

（6）加急护照或临时护照：发放给那些原先护照遗失或失窃但急需出国旅行的人。

（7）难民旅行证：某些国家的政府根据1951年7月28日联合国《关于难民地位的公约》第28条及1967年1月31日《难民地位议定书》的规定颁发给合法在其领土内居留的难民的旅行证，供持证人到发证国领土以外旅行。

三、护照的内容

护照本身的内容，各个国家都比较相近。封面印有国徽和国名的全称及护照种类的名称，封底都印有使用护照的注意事项，封里一般都印有"请各国军政机关对持照人予以通行的便利和必要的协助"等。

第一页（图5-1）：持照人的护照号码、姓名、性别、身份、婚姻状况、出生日期、出生地点、有效期至、身份证号码等，并贴有本人照片。

第二页：印有"××国外交部请各国军政机关对持照人予以通行的便利和必要的协助"字样，此外还有签发日期、签发地点和发照机关的盖章。

第三页：关于偕行儿童的姓名、性别、出生日期、加注日期，并贴有儿童照片。

第四、第五页：延期页。

第六～第八页：备注页。

第九～第三十二页：签证页。

最后一页：注意事项。

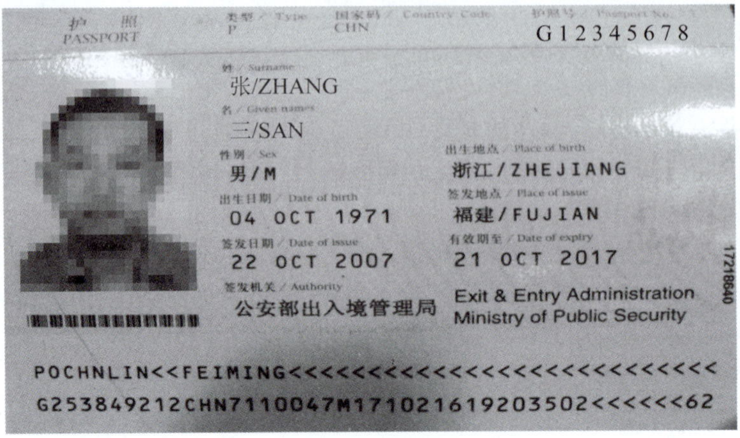

图5-1　护照样本

四、护照的有效期限

护照不是永久的证件，都有一定的有效期限。护照在有效期内是具有法律效力的证明，即为有效护照，否则即为无效护照，不具备法律效力。

各国护照的有效期不一致，一年、二年、三年、五年的都有，也有十年内有效的。我国的护照有效期是十年。

某些国家在办理入境签证时，对护照有效期也有要求，如美国、新加坡等，除要求具有有效签证外，亦要求护照有效期至少为6个月。如果护照有效期不足六个月的，则必须先到相关机构申请延期后，再到领事馆申办签证。

五、中国护照

我国政府颁发三种护照，即外交护照、公务护照和普通护照。

(1)外交护照一般是颁发给具有外交身份的人员使用的护照(红色)，如外交官员、领事官员和到外国进行国事活动的国家元首、政府首脑、国会或政府代表团成员等，都使用外交护照。根据国际惯例，上述人员的配偶和未成年子女，一般也发给外交护照。

(2)公务护照是发给国家公务人员的护照(绿色)，也有的国家称这种供政府官员使用的护照为“官员护照”。此外，各国都把这种护照发给驻外使(领)馆中不具有外交身份的工作人员及其配偶和未成年子女。

(3)普通护照是指发给一般公民(即平民百姓)使用的护照。在我国，普通护照又分为两种：一种是因公普通护照(深灰色)，一般发给国家派出的研究生、留学生、访问学者和工程技术人员等，这种护照由外交部或地方外办颁发；另一种是因私普通护照(褐色)，由国家公安部或公安部授权的各地公安机关颁发给因私事前往外国或旅游居住在国外的本国侨民使用的护照。

(4)旅行证：中华人民共和国旅行证是护照的替代证件，发给不便或不必持有护照的中国公民。旅行证分一年一次入境有效和两年多次入境有效两种。前者在一年有效期内，持证人可以进出中国一次，后者在两年内可以多次往返中国。如申请到第三国签证，旅行证持有人可以前往第三国旅行。一年一次旅行证如加注了“仅限回国有效”，持证人回国后，旅行证即告作废。旅行证不能延期。

旅行证、外交护照、公务护照、因私普通护照、因公普通护照等如图5-2所示。

图5-2　各类旅行证件

中华人民共和国护照的第一页有持照人的护照号码、姓名、性别、身份、婚姻状况、出生日期、出生地点、有效期、身份证号码等，并贴有本人照片（图5-3）。

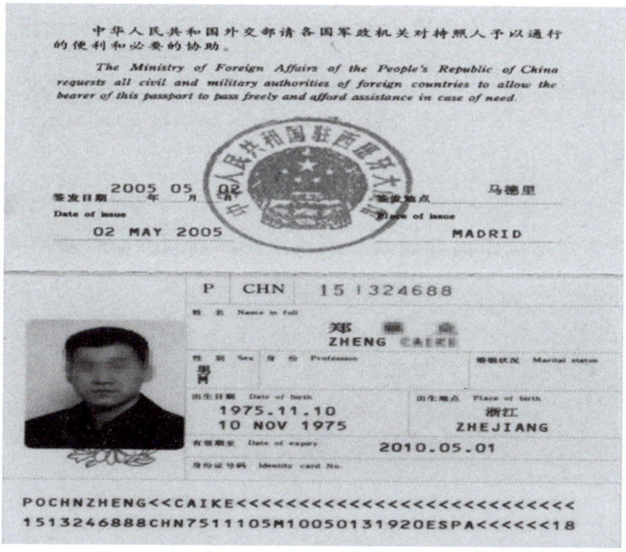

图5-3　中国护照

第二页印有“中华人民共和国外交部请各国军政机关对持照人予以通行的便利和必要的协助”字样并附有英文译文，此外还有签发日期、签发地点和发照机关的盖章。

第三页是关于偕行儿童的姓名、性别、出生日期、加注日期，并贴有儿童照片。

第四页和第五页是延期页。

第六～第八页是备注页。

第九～第三十二页是签证页。

最后一页是注意事项，其内容为：

（1）护照为重要身份证件，应妥为保存使用，不得损毁、涂改、转让。

（2）颁发护照、加注及换发、补发由省、自治区、直辖市公安厅（局）及授权的公安机关和中华人民共和国驻外国的外交代表机关、领事机关或者外交部授权的其他驻外机关办理。

（3）已经在外国定居的公民要及时向中国驻外国的外交代表机关、领事机关办理加注手续。

（4）护照遗失应立即向当地公安机关或者中国驻外国的外交代表机关、领事机关报告。

最后是持证人签名栏目。有的国家的护照还包括持证人的职业、籍贯、身高、眼睛和头发的颜色、显著特征等。此外，护照内一般还包括“偕行儿童”的照片、姓名、性别、出生日期、加注日期等。

第二节 签证

小链接

航空公司对旅客签证问题负有注意并告知的附随义务

原告高树涛系我国香港特别行政区公民，2003年7月25日购买了被告中国东方航空股份有限公司从上海至洛杉矶的往返机票，欲从洛杉矶转机去墨西哥。按美国当时政策，香港居民在美国转机无须签证即可过境。8月2日，美国国土安全部宣布禁止无签证者过境，但目前已进入美国转机的旅客和7月24日前购买机票并于8月5日前离开美国的旅客以及已经开始旅行并将于8月9日前经美国过境的旅客的行程将不受影响。该消息在我国公开媒体中也予以了传播。8月4日当原告登机时，东航工作人员没有准确理解美国签证政策变化的内容，只告知原告回程需要签证，未告知入境也需要签证。原告到达洛杉矶后，被美国移民局以未办理美国签证为由扣留并遣返。

2003年11月，原告准备再次赴墨西哥时美国驻港澳总领事馆对原告要求去美转机的签证予以拒绝。原告认为，因为该事件，其人身自由受到限制，人格尊严受到损害，公司业务受到影响；美国移民局为此限制原告“五年内不能进入美国”，使得需经常去墨西哥的原告今后五年内不能从美国转机，加大了机票成本。而被告作为享有较高知名度的航空运输企业，应当知晓美国转机签证的政策，却未告知原告，显然具有过错。

为此，原告提起诉讼，要求判令被告公开赔礼道歉，并赔偿经济损失人民币20677元、因五年内不得进入美国而产生的经济损失人民币5万元及精神损失人民币10万元。

一、签证的定义

签证是一个国家的主权机关在本国或外国公民所持的护照或其他旅行证件上的签注、盖印，以表示允许其出入本国国境或者经过国境的手续，也可以说是颁发给他们的一项签注式的证明。

签证是一个主权国家为维护本国主权、尊严、安全和利益而采取的一项措施。签证是一个主权国家实施出入本国国境管理的一项重要手段。一个国家的公民如果希望到其他国家旅行、定居、商贸、留学等，除必须拥有本人的有效护照或旅行证件外，另一个必备的条件就是必须获得前往国家的签证，否则是不可能通行的（图5-4）。

图5-4 签证样本

小链接

护照与签证的区别

很多人不理解为什么出国办理了护照还要办理签证，其实两者是不同的概念，以下对两者的联系与区别进行介绍。

护照与签证是两个不同概念，但护照与签证又不可分割。一个人如果想出国旅行、定居或者留学、结婚等，除了需要持有护照以外，还应该持有相应的签证。护照是持有者的国籍和身份证明，签证则是主权国家准许外国公民或者本国公民出入境或者经过国境的许可证明。持有护照者只有在护照上办妥签证，才能达到能够出入境的目的。也就是说没有护照，公民则不能申领签证；没有签证，持照者不能被允许进入一国国境（免办签证的除外）。人们常把护照与签证并提，还有一种情况，即因为签证一般签在护照上，签证同护照一般都是对应的，即对外交护照的持有者签发公务签证等。但也有例外，如在特殊情况下为公务护照持有者签发外交签证或反之等。特殊情况下护照与签证是可以分离的，但需注明本签证须与某号护照同时使用。

护照和签证应该分别申请。在国内,护照应该在申请人户口所在地的公安局出入境管理科提出申请。中国公民因私事出国申请办理外国签证,目前大致有三种途径:一是本人向外国驻华使领馆申请办理;二是委托中国旅行社签证代办机构,向外国驻华使领馆申请办理;三是由在国外的亲友办理。

简单理解,护照是你的祖国签发给你出国的资格,而签证就是所去国家签发是否接收你的凭证。

二、签证的分类

(一)根据出入境性质

签证一般按出入境性质可分为:

(1)出境签证:只准许持证人出境,如需入境,须再申办入境签证。

(2)入境签证:只准许持证人入境,如需出境,须再申办出境签证。

(3)出入境签证:持证人可以出境,也可以再入境。

(4)多次入出境签证:持证人在签证有效期内可允许多次入出境。

(5)再次入境签证:居住在本国的外籍人士在许可的居留期限内,暂时离开本国,返回本国后并以与以前相同的居留资格在本国居留时需要获得的签证。

(6)过境签证:公民取得前往国家(地区)的入境签证后,搭乘交通工具时,途经第三国家(地区)的签证,称为过境签证。有的国家规定,旅客搭乘交通工具过境时,停留不超过24h或一定期限的,均免办理过境签证(一般不允许出国际机场)。也有的国家规定,不论停留时间长短或是否出机场,一律须办理过境签证。过境签证同入出境签证一样,都有有效期和停留期限的规定。

例如,中国旅客途经日本转机,72h内免签证。持中国护照及第三国短期签证的旅客途经英国转机,必须办理签证。中国旅客前往某一申根国家,途经第三国(为申根国),可免过境签证一次。

(二)根据申请签证者的入境事由

有的国家(地区)根据申请签证者的入境事由,把颁发的签证分为外交签证、公务签证、移民签证、非移民签证、礼遇签证、旅游观光签证、工作签证、留学签证、商务签证、家属签证。

(三)根据时间长短

1. 长期签证

在前往国停留3个月以上,需申请长期签证。不论其访问目的如何,一般都需要较长的申请时间。

2. 短期签证

在前往国停留3个月以内的签证称为短期签证,申请短期签证所需时间相对较短。

（四）世界上大多数国家的签证分类

世界上大多数国家的签证分为外交签证、公务（官员）签证和普通签证。

（五）根据签证形式

1. 另纸签证

签证一般做在护照上，和护照同时使用。未建交国通常将签证做在另纸上，称为另纸签证，与护照同时使用。另纸签证是签证的一种形式，它和一般签证在护照上的签证具有同样的作用。所不同的是在护照以外单独签注在一张专用纸上，但必须和护照同时使用。

2. 互免签证

某些对方国家的公民入出过境时，也不必办理签证，这是因为许多国家之间订立了互免签证协议。甚至在欧洲共同体国家之间，一国公民持有身份证明就可以自由来往于各国之间，无须护照和签证。互免签证是根据两国外交部签署的协议，双方持有有效的本国护照可自由出入对方国境。

3. 落地签证

落地签证是指在前往国的入境口岸办理签证，这是仅次于免签证的优惠待遇。有时亦需邀请人预先在本国提出申请，并将批准证明副本寄给出访人员。后者凭该证明出境，抵达前往国口岸时获得签证。

例如：泰国对印度、智利、喀麦隆等70多个国家或地区的人士，凡停留15d以内都可以在曼谷、清迈、贺义和普吉国际机场获得签证，同时需提交照片。

4. ADS签证

ADS签证的中文名称是“被批准的旅游目的地国家”。加注ADS签证后仅限于在被批准的旅游目的地国家的一地旅游，持有这种签证的旅游者还必须“团进团出”。ADS签证是中国特有的一种方式。

5. 反签证

反签证是指由邀请人在本国国内出入境管理部门为被邀请来访人员办好签证批准证明。反签证的规格、形式虽然各国各有不同，但一般只要获得了反签证就意味着入境获得批准，护照送交前往国驻华使馆后，也不需要太长的签证时间。有的持反签证，就可前往该国入境。

三、签证的内容

各个国家的签证内容有不同的格式和风格，但其基本内容万变不离其宗。每个国家的签证必须包括的基本内容有：签证种类、签证代号、入出境（过境）目的、停留期限、有效次数、签发机构、签发地点、签证官员签字盖章、签发日期和签证费用。有的国家还附有签证获得者照片（与护照上的一致），有的还贴有印花和防伪标志等（图5-5）。

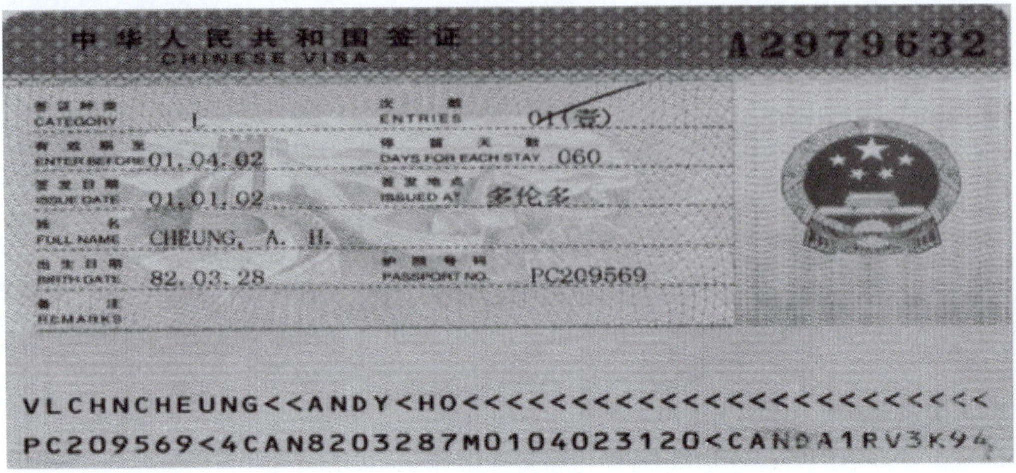

图5-5　签证内容

四、签证的有效期限与停留期限

1. 签证的有效次数

签证的有效次数是指在签证有效期或停留期允许的时间内，可以一次、两次或多次出入其国境。例如，一位签证获得者的签证有效期是3个月，允许停留期为15d，有效次数是两次，就是指此人在3个月内可以有两次出入该国国境的机会，且每次停留时间不得超过15d。

2. 签证的发证日期

签证的发证日期是指签证机关签发签证日期，以便计算签证的有效期和停留期。

3. 签证的停留期限

签证的停留期限是指持证人入境后准许停留的时间。个别国家规定签证有效期与停留期是一致的，但大多数国家的签证有效期要长于签证停留期。如果某国发给申请人有效期为3个月、停留期为15d的签证，那么，这个签证从签发之日起3个月内持证人无论哪一天都可以入、出该国国境，但从入境当日起到出境当日止，持证人在该国最多只能停留15d。需要特别注意的是，有的国家规定持证人入境后，不管停留期是否已满，必须在签证有效期内离境，否则就违法。

4. 签证的有效期限

签证的有效期限是指从签证签发之日起到准许入境的时间期限。超过这一期限，该签证就是无效签证。

5. 签证的有效期限与停留期限的关联

签证的有效期限和停留期限是两个不同概念，但又相互联系。

(1)两者是相同的，即“从×年×月×日到×年×月×日”的英文均为“FROM…TO…”。

(2)停留期限的“每次停留×天”和“可以停留N天”，是指在签证有效期内的任何一天抵达前往国家(地区)后，“每次停留×天”和“可以停留N天”。

(3)签证停留期限包括在签证有效期之内，即签证获得者必须在签证有效期内入境，并可停留N天。

五、中国签证

中国签证是中国签证机关发给外国公民入、出或过境中国的许可证明。中国签证机关根据外国人的身份和来华目的，并参照护照种类，分别发给外交签证、礼遇签证、公务签证或普通签证。

根据出入境事由分为移民签证、非移民签证、留学签证、旅游签证、工作签证、商务签证和家属签证等。

普通签证分为九个类别，分别用汉语拼音字母(C、D、F、G、J-1、J-2 、L、X、Z)作代码。

(1)C字签证：发给执行乘务、航空、航运任务的国际列车乘务员、国际航空器机组人员及国际航空船舶的海员及其随行家属。

(2)D字签证：发给来中国定居的人员。

(3)F字签证：发给应邀来中国访问、考察、讲学、经商、进行科技文化交流及短期进修、实习等活动不超过6个月的人员。

(4)G字签证：发给经中国过境的人员。

(5)J-1字签证：发给来中国常驻的外国记者。

(6)J-2字签证：发给临时来中国采访的外国记者。

(7)L字签证：发给来中国旅游、探亲或因其他私人事务入境的人员。

(8)X字签证：发给来中国留学、进修、实习6个月以上的人员。

(9)Z字签证：发给来中国任职或就业的人员及其随行家属。

1. 中国签证样式1（图5-6）

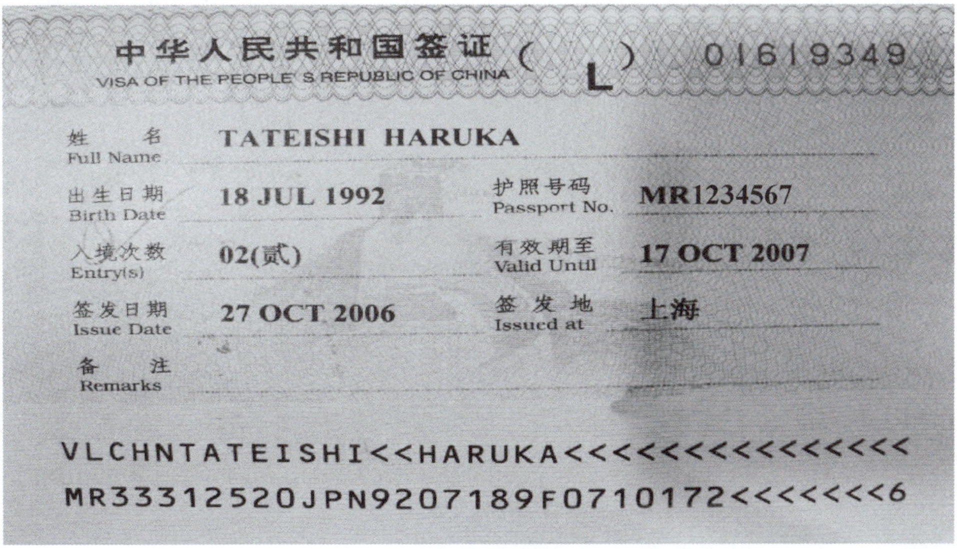

图5-6　中国签证样式1

签证页上的“次数”栏写明“01”表示旅客出境和入境次数各1次；如果写“多次”，则表明旅客在有效期内可多次往返。

2. 中国签证样式2（图5-7）

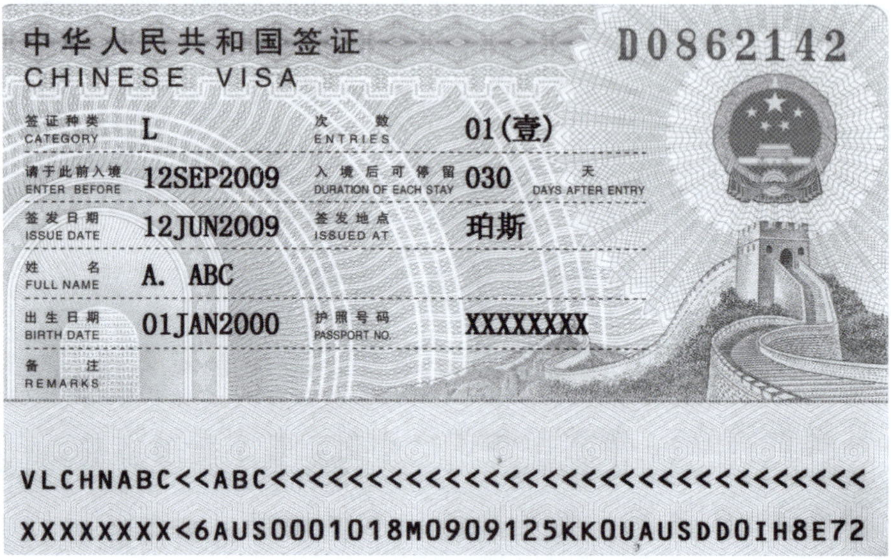

图5-7 中国签证样式2

根据该签证的“签发日期”和“有效期”，该旅客可以在2009年06月12日至2009年09月12日内到达中国；根据“停留天数”栏的“30”，旅客从到达中国的当天起可在中国停留30d。

3. 中国签证样式3（图5-8）

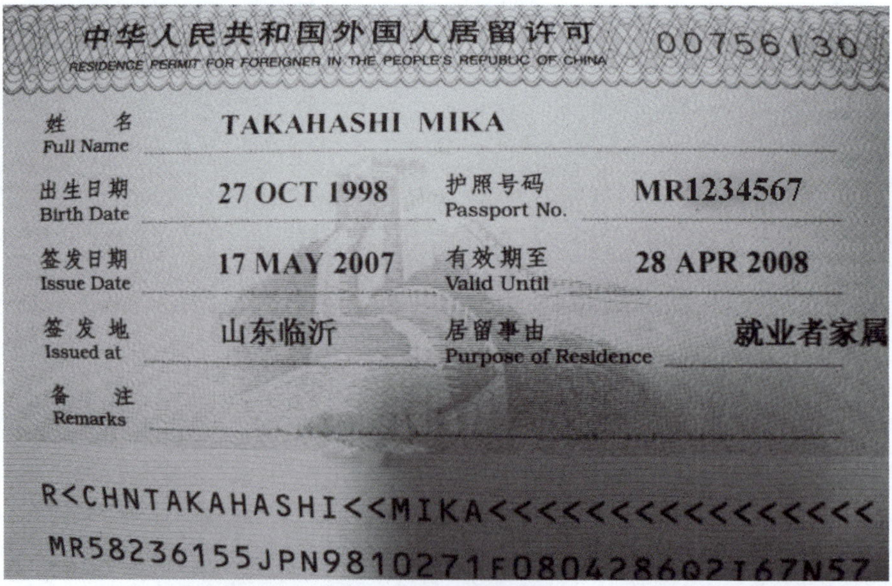

图5-8 中国签证样式3

该签证表明旅客可在中国停留至2008年4月28日，对具体停留天数没有限制。

4. **中国的出入境边防章**（图5-9）

图5-9中，红色方形章为出境章，红色椭圆形章为入境章。

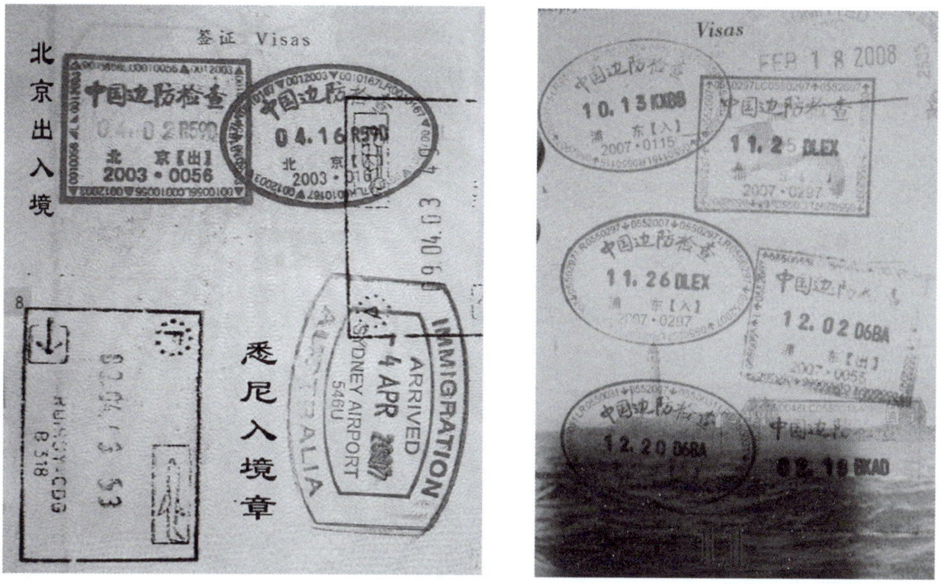

图5-9 出入境章

六、其他签证

（一）美国非移民签证

美国非移民签证（图5-10）的类别及说明见表5-1。

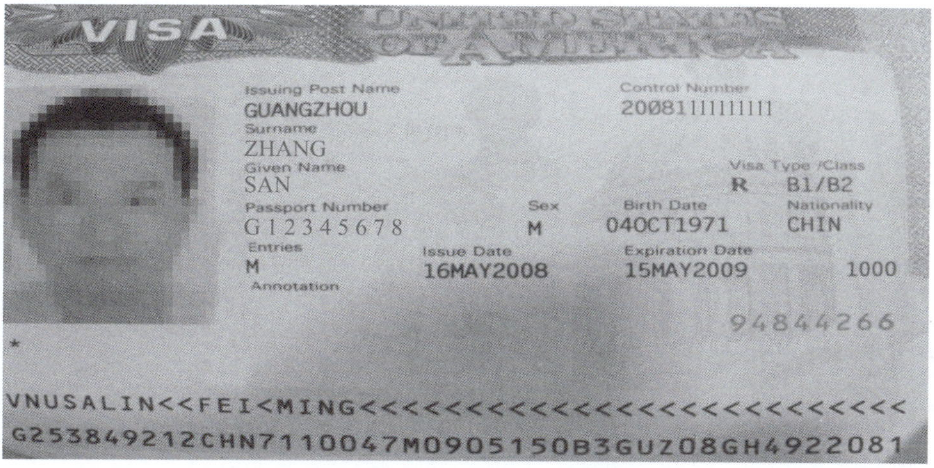

图5-10 美国非移民签证回程票

美国非移民签证的类别及说明　　表5-1

类　别		说　明
A1、A2、A3 外国政府官员签证	A1	大使、公使、政府部长、职业外交官或领事官及其家属
	A2	其他外国政府官员或职员及其家属
	A3	A1、A2签证持有人的随员、侍从或私人职员及他们的直系亲属
B1、B2商务签证, 须有回程票(图5-10)	B1	商务考察人员
	B2	短期观光游客及短期探亲人员
C1、C2、C3 过境签证	C1	过境美国的外国人
	C2	过境美国到联合国总部的外国人
	C3	未被美国承认的外国政府或非联合国会员国的外国政府,其派往国际机构的代表及其随行人员和家属过境美国
D1、D2 海员及飞行员签证	D1	海员或飞行人员(随原搭乘的海船或飞机离境者)
	D2	海员或飞行人员(不随原搭乘的海船或飞机离境者)
E1、E2 入境投资或经商签证	E1	与美国订有贸易协定国家的贸易商及其配偶和未满21岁未婚子女
	E2	与美国订有贸易协定国家的投资人及其配偶和未满21岁未婚子女
F1、F2 学生签证	F1	学者或学生(须同时携带I-20表格)
	F2	学者或学生的配偶及未满21岁的未婚子女
G1、G2、G3、G4、G5 外国政府官员签证	G1	美国承认的外国政府派驻国际机构的主要常驻代表、职员及直系家属
	G2	美国承认的外国政府派驻国际机构的其他代表、职员及其直系家属
	G3	有资格取得签证的外国政府代表及其直系家属,但其政府未被美国政府承认也不是该机构成员国
	G4	在国际机构服务的官员、雇员及其直系家属
	G5	G1、G2、G3、G4签证持有人的随员、侍从、私人职员及其家属
H1、H2、H3、H4 临时雇员或接受培训	H1a	临时受雇于美方的专业护士
	H1b	临时受雇于美方,具有特殊才能和专业的工作人员
	H2a	从事短期或季节性工作的农业人员
	H2b	从事临时性服务或劳力工作的技术或非技术工人
	H3	临时受训人员
	H4	H1、H2、H3签证持有人的配偶及未满21岁的未婚子女
I新闻记者签证	I	新闻工作人员及其配偶和未满21岁的未婚子女
J1、J2 交换学生访问学者签证	J1	交换访问学者
	J2	J1签证持有人的配偶和未满21岁的未婚子女
K1、K2 美国公民的配偶签证	K1	美国公民的未婚夫(妻)
	K2	K1签证持有人的未满21岁的未婚子女
L1、L2 跨国公司派驻签证	L1	跨国公司内部调派人员
	L2	L1签证持有人的配偶及未满21岁的未婚子女
M1、M2 职业培训或非学位学生签证	M1	进行短期职业技能学习的学生
	M2	M1签证持有人的配偶及未满21岁的未婚子女

续上表

类别		说明
NATO1、2、3、4、5、6、7	NATO1 ～ 7	根据北大西洋公约驻美的外国人及其有关人员
N8、N9 特别移民父母签证	N8 ～ 9	特别移民父母签证
O1、O2、O3 特别才能临时雇员签证	O1	在科学、艺术、教育、商业或运动方面有特别才能的人士
	O2	随同O1签证持有人来美的随行人员
	O3	O1签证持有人的家属
P1、P2、P3、P4 运动员及演员签证	P1	国际知名的运动员和娱乐团体成员
	P2	参加交流计划的表演性娱乐团体成员
	P3	具有特别意义的表演艺术家或娱乐团体成员
	P4	P1、P2、P3持有人的配偶及未满21岁的未婚子女
Q1、Q2 文化交流访问签证	Q1	参加国际文化交流计划人员
	Q2	Q1持有人的配偶及未满21岁的未婚子女
R1、R2 宗教签证	R1	被承认的宗教教派牧师
	R2	R1持有人的配偶及未满21岁的未婚子女

（二）美国移民签证

1. 绿卡（图5-11）

图5-11 美国绿卡

2. ADIT章（外来文件、鉴定和通信系统章）、I-551章（临时绿卡章）

图5-12为旅客的美国绿卡正在申办中，作用等同于绿卡。

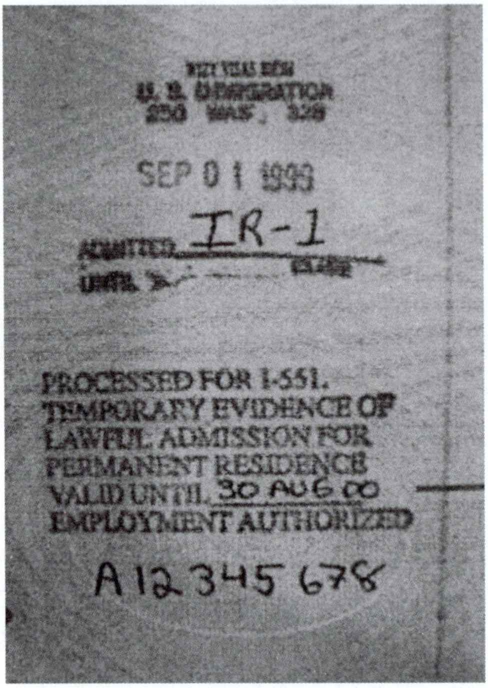

图5-12 I-551章

(三)申根签证

1. 申根签证的定义

随着欧洲经济、政治一体化进程的加快,德国(时为联邦德国)、法国、荷兰、比利时和卢森堡五国于1985年在卢森堡的申根(SCHENGEN)签署了协调欧洲共同体(以下简称欧共体)国家安全及难民事务的协议——申根协定。此后加入该协议的国家不断增加,西班牙、葡萄牙、意大利以及后加入欧共体的奥地利也先后在该协定上签字,这样欧共体就有十个国家成为申根协议国,简称申根国家。申根协议是协调各国安全及难民事务的重要依据之一。根据申根协议的规定,申根国家取消了其国与国间的边境检查,但加强了与非申根国家间的边境检查,同时加强了各申根国家警察机关的全面合作。对于各申根国家给予非欧共体成员国公民的有效签证,则给予承认及通行之便利。

目前正式实施申根协议的国家有奥地利、比利时、丹麦、芬兰、法国、德国、冰岛、意大利、希腊、卢森堡、荷兰、挪威、葡萄牙、西班牙、瑞典、匈牙利、捷克、斯洛伐克、斯洛文尼亚、波兰、爱沙尼亚、拉脱维亚、立陶宛和马耳他。另外,下列国家因为与申根邻国没有实际上的边境检查,也可以凭申根签证任意进入:安道尔、梵蒂冈、圣马力诺、摩纳哥。

若是一次有效的申根签证,是否意味着只能去一个申根国家?很多人有此错误的观念,认为持某个国家签发的单次有效的申根签证,就只能去这个国家而不能前往其他申根国家。其实,因为申根签证是在整个申根范围内有效,所以除了有国家限制的D类签证,只要不出申根范围,凭一次有效的签证就可以在各个申根国家之间任意来往,签证也依然有效。

例如，持一次有效的申根签证，可以在法国入境，然后去德国、奥地利和意大利，再从希腊出境，或者在法国和德国之间反复来往，这些都没有问题。但是凭同一签证在入境之后去瑞士、英国等非申根国家，签证就失效了，不能再凭此签证重新进入申根国家。

所以，一次有效的申根签证对于那些全部行程都在申根国家范围的旅客是没有任何影响的。

表5-2为一些国家的代码及首都。

国家代码及首都　　表5-2

国家（中文）	国家（英文）	国家代码	首都（中文）	首都（英文）	首都缩写
奥地利	Austria	AUT	维也纳	Vienna	VIE
比利时	Belgium	BEL	布鲁塞尔	Brussel	BRU
丹麦	Denmark	DNK	哥本哈根	Copenhagen	CPH
法国	France	FRA	巴黎	Paris	PAR
芬兰	Finland	FIN	赫尔辛基	Helsinki	HEL
德国	German	DEU	柏林	Berlin	BER
希腊	Greece	GRC	雅典	Athens	ATH
意大利	Italy	ITA	罗马	Rome	ROM
冰岛	Iceland	ISL	雷克雅未克	Reykjavik	REK
卢森堡	Luxembourg	LUX	卢森堡	Luxembourg	LUX
荷兰	Netherlands	NLD	阿姆斯特丹	Amsterdam	AMS
挪威	Norway	NOR	奥斯陆	Oslo	OSL
葡萄牙	Portugal	PRT	里斯本	Lisbon	LIS
西班牙	Spain	ESP	马德里	Madrid	MAD
瑞典	Sweden	SWE	斯德哥尔摩	Stockholm	STO
爱沙尼亚	Estonia	EST	塔林	Tallinn	TLL
捷克	Czech	CZE	布拉格	Prague	PRG
匈牙利	Hungary	HUN	布达佩斯	Budapest	BUD
拉脱维亚	Latvia	LVA	里加	Riga	RIX
立陶宛	Lithuania	LTU	维尔纽斯	Vilnius	VNO
马耳他	Malta	MLT	瓦莱塔	Valletta	VLT
波兰	Poland	POL	华沙	Warsaw	WAW
斯洛伐克	Slovak	SVK	布拉迪斯拉发	Bratislava	BTS
斯洛文尼亚	Slovenia	SVN	卢布尔雅那	Ljubljana	LJU

2. 申根签证类型

(1)A VISA(A类签证)

A类签证为机场转机签证,持证者不能出机场。

A类签证所使用的国家:阿富汗(Afghanistan)、孟加拉国(Bangladesh)、刚果(Congo)、埃塞俄比亚(Ethiopia)、加纳(Ghana)、伊朗(Iran)、伊拉克(Iraq)、尼日利亚(Nigeria)、巴基斯坦(Pakistan)、索马里(Somalia)、斯里兰卡(Sri Lanka)。

(2)B VISA(B类签证)

B类签证为转机签证,可让持有者最多停留5d。

B类签证的签发可以是一次、两次或多次。

旅客应持有有效回程票。

(3)C VISA(C类签证)

C类签证为最常见的短期申根签证,允许在有效期内一次、两次或多次入境。

C类签证有一定的有效期,通常只有回程票。

所持客票一般不得签转、不得退票和不得更改线路。

(4)D VISA(D类签证)

D类签证必须在所到国家的大使馆或领事馆办理,有以下几种方式可获得D类签证:学习(Study)、工作(Work)、家庭团聚(Family Reunion),家庭签证(Family Visa)的签发有效期较长,一般为3～6个月。

D类签证原则上只允许进入签证中注明的国家,但是也会允许在必要情况下于入境之前从另一个申根国家(于5d之内)过境。

(5)D+C类(Type D+C)

此类签证结合了C类和D类签证的基本特征,一方面属于单个国家的签证,同时也可以进入其他申根国家。

长期D类签证都不直接给申根签证,申请到哪个国家的签证,就只能从颁发签证国入境,而到了那个国家后的一周左右时间内办理这个国家的长期居住手续,然后凭这个国家的长期居住卡即可在申根国自由出入,享受申根待遇。图5-13和图5-14分别是希腊、德国签发的申根签证。

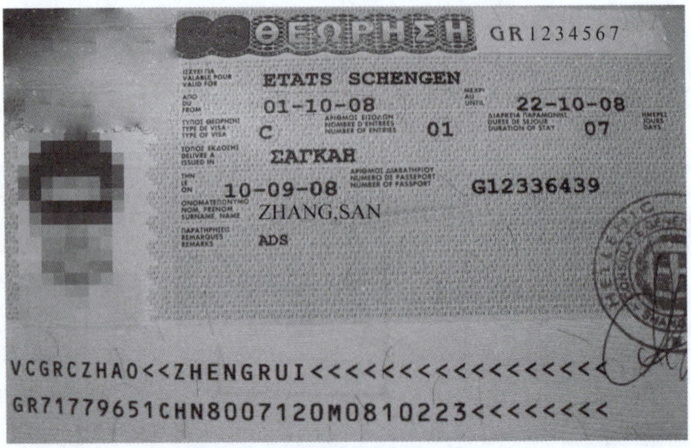

图5-13　希腊签发的申根签证

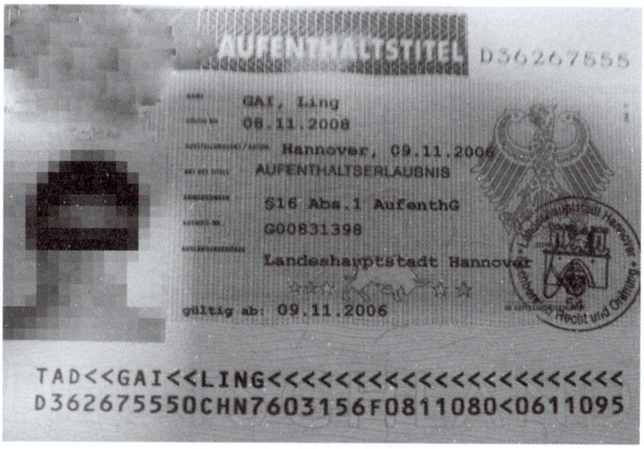

图5-14　德国签发的申根签证

第三节
旅行信息手册（TIM）

一、旅行信息手册（Travel Information Manual，简称TIM）

旅行信息手册主要介绍了关于航空运输方式下每个国家或地区的护照、签证、健康、机场税、海关、现金六个方面的规定。图5-15为TIM封面。

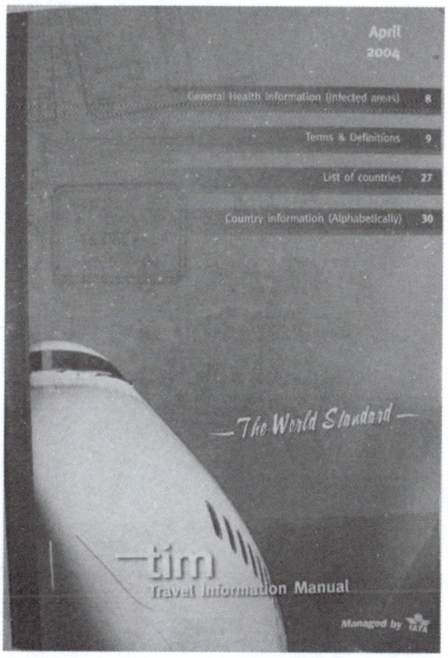

图5-15　TIM封面

二、TIM信息举例

本节以加纳(Ghana)为例来说明TIM信息。

1. Passport：Required，except for holders of

(护照：需要，以下持有人除外)

(1) Laissez-Passer issued by the United Nations.

(美国签发的通行证。)

(2) Seaman Book (travelling on duty) issued by any country.

(任何国家签发的当值海员证。)

(3) Travel Certificate issued to nationals of Togo.

(多哥签发的旅行证。)

2. Visa：Required，except for

(签证：要求，以下情况除外)

(1) Nationals of Ghana.

(加纳国民。)

(2) Nationals of Benin，Burkina Faso，Cape Verde Island，Cote d'lvoire，Cuba (only if holding diplomatic，service or official passports)，Gambia，Guinea，Guinea-Bissau，Liberia，Mali，Mauritania，Niger，Nigeria，Senegal，Sierra Leone，Togo and Zimbabwe.

(以上国家的国民。)

(3) Holders of a re-entry permit issued by Ghana.

(加纳签发的再次入境许可的持有人。)

(4) Members of diplomatic of consular missions accredited to Ghana (including their wives and children).

(加纳认可的外交领事使团成员，包括其妻子与子女。)

(5) Holders of diplomatic or service passports who are nationals of Germany provided travelling on duty. Maximum permitted stay 3 months.

(在其当值内旅行的持有外交或公务护照的德国国民。最长停留时间3个月。)

(6) Alien members of the Ghana Government Service (including their wives and children).

(对加纳政府服务的外来人员，包括其妻子与子女。)

(7) Children under 16 years who are accompanying or joining their parents residing in Ghana.

(与其居住在加纳的父母陪伴或加入16岁以下的儿童。)

(TWOV)

(过境免签)

(8) Those who continue their journey to a third country within 24 hours，provided holding tickets with reserved seats and other documents for their onward journey. They are not allowed to leave the airport. In case they will spend the night in a hotel in town，they must be in possession

of a transit visa.

（24h 内继续其旅程前往第三国，提供后续航程订妥座位的机票以及其他证件。不允许离开机场。夜晚住宿在镇上的酒店，必须持有过境签证。）

3. TAX：Passenger service charge is levied on passengers embarking in Ghana on

（税：旅客服务费征收于离开加纳的以下情况）

（1）International flights：GHC 22000.

（国际航班：GHC22000。）

（2）Domestic flights：GHC 500.

（国内航班：GHC500。）

4. Place of payment：airport of departure in Ghana or town terminal in Ghana

（支付地：加纳离港机场或城市候机楼）

Exempt are：

（免税：）

（1）Children under 2 years.

（2 岁以下儿童。）

（2）Transit passengers proceeding on the first connecting service or within 24 hours.

（第一时间衔接或 24h 内的过境旅客。）

5. Customs

（海关）

（1）Import：free import by persons over 16 years.

（进关：超过 16 岁人员以下情况免税。）

①400 cigarettes or 100 cigars or 1 pound of tobacco or combination of proportionate quantities.

（400 支香烟或 100 支雪茄或 1b 烟草或其组合数量。）

②1 quart of wine and 1 quart of spirits.

（1 夸脱酒。）

③1/2 pint of perfumes and toilet waters containing spirits.

（1/2 品托的香水或含有酒精的化妆水。）

（2）Pets：cats and dogs must be accompanied by veterinarian good health and rabies inoculation certificates issued at point of origin.

（宠物：猫和狗必须附有始发地出具的健康和狂犬疫苗接种证明。）

本章小结

国际运输中，每一位旅客都离不开护照与签证，本章主要介绍了护照与签证的定义、种类以及证件上主要信息的阅读。掌握护照与签证的相关信息对乘务工作会有极大的帮助，特别是对于国际航班的乘务人员。

思考与练习

一、单选题

1.(　　)是指在前往入口国的口岸办理的签证。

A. 过境签证　　B. 互免签证

C. 落地签证　　D. 工作签证

2. 以下(　　)城市不属于申根国。

A. MUC　　B. MAD

C. MAN　　D. NCE

3. 加注ADS签证后仅限于在被批准的旅游目的地国家的一地旅游,下列说法正确的是(　　)。

A. 持有这种签证的旅游者必须团进团出

B. 持有这种签证的旅游者必须另办入境签证

C. 持有这种签证的旅游者必须另办出境签证

D. 持有这种签证的旅游者若延期离开必须另办出境签证

4. 一般情况下,成人与16岁以下儿童可以共同申领一本护照。下列说法正确的是(　　)。

A. 此类护照称为家庭护照

B. 持该护照的儿童可以单独旅行

C. 持该护照的儿童可以随其他成人旅行

D. 如果儿童单独办理护照,则该儿童被称为偕行旅客

二、阅读图片,并用中文回答问题

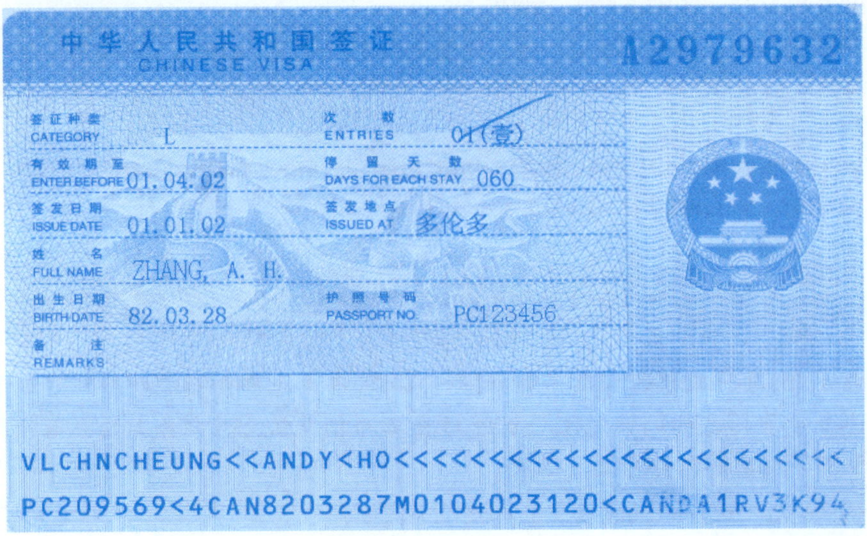

1. 该旅客来中国的目的是什么？

2. 签发地点与日期分别是什么？

3. 签证的有效期与停留天数分别是多少？

4. 入境中国是否有次数限制？

5. 旅客姓名与出生日期分别是什么？

三、阅读加纳TIM信息，并用中文回答问题

1. Passport：Required，except for holders of

（1）Laissez-Passer issued by the United Nations.

（2）Seaman Book（travelling on duty）issued by any country.

（3）Travel Certificate issued to nationals of Togo.

2. Visa：Required，except for

（1）Nationals of Ghana.

（2）Nationals of Benin，Burkina Faso，Cape Verde Island，Cote d' lvoire，Cuba（only if holding diplomatic，service or official passports），Gambia，Guinea，Guinea-Bissau，Liberia，Mali，Mauritania，Niger，Nigeria，Senegal，Sierra Leone，Togo and Zimbabwe.

（3）Holders of a re-entry permit issued by Ghana.

（4）Members of diplomatic of consular missions accredited to Ghana（including their wives and children）.

（5）Holders of diplomatic or service passports who are nationals of Germany provided travelling on duty. Maximum permitted stay 3 months.

（6）Alien members of the Ghana Government Service（including their wives and children）.

（7）Children under 16 years who are accompanying or joining their parents residing in Ghana.

（TWOV）

（8）Those who continue their journey to a third country within 24 hours，provided holding tickets with reserved seats and other documents for their onward journey. They are not allowed to leave the airport. In case they will spend the night in a hotel in town，they must be in possession of a transit visa.

3. TAX：Passenger service charge is levied on passengers embarking in Ghana on

（1）International flights：GHC 22000.

（2）Domestic flights：GHC 500.

4. Place of payment：Airport of departure in Ghana or town terminal in Ghana

Exempt are：

(1)Children under 2 years.

(2)Transit passengers proceeding on the first connecting service or within 24 hours.

请回答下列问题:

1. 中国籍公民去加纳是否需要护照?

2. 中国籍公民去加纳是否需要签证?

3. 旅客持有至目的地南非的签证,如果需要在加纳过境免签,需要其他哪些附加条件?

4. 该过境免签旅客是否需要支付税款?

5. 成人旅客乘坐国际航班在加纳离港,需要收取多少离港税?

第六章

行李运输

- 第一节　行李运输的一般规定
- 第二节　特殊行李的运输
- 第三节　行李的赔偿

行李运输作为航空运输的组成部分，是随着旅客运输而产生的。行李运输在旅客运输中占据非常重要的地位，旅客的旅行是否成功，往往取决于旅客所携带的行李物品运输的完好性和准确性，行李运输工作的好坏直接影响到飞行安全、航班正常和服务质量。行李运输差错事故所引起的赔偿金会给航空公司带来经济损失，也有损航空公司的声誉。

第一节 行李运输的一般规定

引例 海鲜可以"乘机"吗？

近日，结束在广西旅游的陈先生来到南宁机场南航值机柜台前办理乘机手续，但是在托运行李时被值机员拦了下来，行李无法正常通过安检。原来陈先生托运的行李中有两箱海鲜，海鲜的包装盒内有大量碎冰块和水，这些使得托运的海鲜不符合乘机标准。陈先生为此急得直冒冷汗。在南航导乘人员的协助下，陈先生将海鲜拿到洗手间，开箱除冰除水，再打包封装好，走快速通道办理托运，最后才顺利成行。

为此，南航工作人员提醒，旅客携带鱼、虾、螃蟹等海鲜乘坐飞机有5大注意事项：

(1)海鲜等活体动物不能作为旅客的随身行李带进客舱，必须办理行李托运手续。托运之前应提前告知航空公司或机场相关工作人员。

(2)外包装最好用泡沫箱或塑料箱，竹篮、网兜、草袋等不能作为包装物。托运的海鲜应先置于泡沫箱内，然后套上塑料袋防止渗水。

(3)箱内不能有冰块和水等物，如需低温保鲜可用矿泉水瓶装冰后拧紧瓶盖起冷冻效果，防止冰块融化出水溢出箱外污染飞机设备、行李和其他装置。

(4)每件托运的鲜活易腐物品连运输包装件的重量以不超过20kg为宜，如果旅客需要携带大量活体海鲜，应通过机场货运渠道发运。

(5)海鲜物品作为行李运输时一般不进行中转联运，如需中转联运需持联运航空公司的书面同意；国内航班仅接受不换机情况下的运输。

一、行李的定义和分类

1. 行李的定义

行李是指旅客在旅行中为了生活和工作的方便而携带的物品和个人财物。

根据规定，下列物品不能作为行李交运或者随身携带乘机(图6-1)：

(1)枪支、军用或警用器械类(含主要部件)，包括以上物品的仿制品。

(2)弹药、爆破器材、烟火制品等爆炸物品，包括上述物品的仿制品。

（3）管制刀具。

（4）易燃、易爆、毒害品、腐蚀品、放射性物品等危险品。

（5）其他危害飞行安全的物品，如可能干扰飞机上各类仪表正常工作的强磁化物、有强烈刺激性气味的物品。

（6）活体动物，但符合相关规定的小动物、导盲犬和助听犬除外。

（7）具有异味或者容易污染飞机的物品，如榴莲或包装不完善的海鲜。

（8）承运人规定的其他包装、形状、重量、体积或者性质不适宜运输的物品。

（9）国家法律法规规定的其他禁止携带、运输的物品。

图6-1　不得作为行李的物品

2. 行李的分类

根据运输责任，行李分为托运、自理和随身携带物品三种；但目前航空公司普遍把行李分为托运行李、随身携带物品（非托运行李）两类（表6-1）。

行李的分类　　表6-1

分　类	托运行李（Check-in Baggage）	免费随身携带物品（Personal Article）
定义	指旅客交由承运人负责照管和运输的行李	指经承运人同意由旅客自行带入客舱的小件物品
重量规定	≤50kg	≤5kg
体积规定	≤40cm×60cm×100cm	头等舱：2PC； 公务舱、经济舱：1PC； ≤20cm×40cm×55cm

（1）托运行李：指旅客交由承运人负责照管和运输的行李，托运行李的重量每件不能超过50kg（国际32kg），体积不能超过40cm×60cm×100cm，超过重量或体积要求的需征得航空公司同意后方可运输或作为货物运输。

（2）随身携带物品：指经承运人同意由旅客自行带入客舱的随身物品，每位旅客免费随身携带物品的重量为每件5kg为限。一般航空公司规定持头等舱的客票的旅客，每人可以随身携带两件；持公务舱或经济舱客票的旅客，每人只能携带1件物品。每件随身携带物品的体积不得超过20cm×40cm×55cm。超过上述重量、件数以及体积限制的随身物品，应作为托运行李运输。

二、行李包装

为了保证运输途中行李安全和必要的照料，交运行李应封装完整、锁扣完善、捆扎牢固并能承受一定压力，并应符合下列条件：

(1)能加锁扣的箱类、旅行袋和手提包等必须加锁(部分航空公司规定不能上锁)。

(2)两件以上的包件，不能捆为一件。

(3)外部包装上不能附插其他物品。

(4)竹篮、网兜、草绳、草袋等不能作为行李的包装物。

(5)包装上应写上旅客的姓名及其详细地址和邮政编码。

三、免费行李额及逾重行李费

(一)计重免费行李额(用于所有国内航线以及部分国际航线)

目前，各航空公司对本公司航班的免费行李额均有不同规定，但常见的每位旅客托运行李的免费行李额为：

(1)持成人或儿童票的头等舱旅客为40kg，公务舱旅客为30kg，经济舱旅客为20kg。

(2)持婴儿票的国内运输旅客，无免费行李额；部分航空公司对于符合国际运输条件持婴儿客票的旅客，可享受10kg免费行李额；每名婴儿可免费托运婴儿手推车一辆。

(3)构成国际运输的国内航段，每位旅客的免费行李额按适用的国际航线免费行李额计算。

(二)计件制免费行李额

近些年，计件制免费行李额的规定有了较大变化，各个航空公司在不同航线均有不同规定，以下为一般规定：

(1)在中美、中加以及部分国际航线上，旅客免费行李额均按件数计算。每一持成人或儿童票的旅客，免费行李额为2件(2PC)或者1件(1PC)，每件行李重量不得超过32kg (头等舱或公务舱)或23kg (经济舱)，具体件数在客票的免费行李额栏(ALLOW)中会有说明。

(2)持头等舱或公务舱客票的旅客，每件行李的长、宽、高三边之和不得超过158cm。

(3)持经济舱客票的旅客，每件行李的长、宽、高三边之和不得超过158cm，但两件之和不得超过273cm。

(4)持婴儿客票的旅客每人为1件行李；三边之和不超过115cm、重量不超过23kg。每名婴儿可额外免费托运婴儿手推车1辆。

> 以下为东航计件制规定：
>
> 适用计件制免费行李额：通常持成人或儿童客票的头等舱或公务舱旅客每人为2件行李，每件行李三边之和不超过158cm、重量不超过32kg；经济舱旅客每人为2件行李，每件行李三边之和不超过158cm、重量不超过23kg；持婴儿客票的旅客每人为1件行李，三边之和不超过115cm、重量不超过23kg。每名婴儿可额外免费托运婴儿手推车一辆。

(三)免费行李额的合并计算

搭乘同一航班前往同一目的地的两个以上的同行旅客，如在同一时间、同一地点办理行李托运手续，其免费行李额可以按照各自的票价等级标准合并计算。

【例6-1】A与B两位旅客同行，其中旅客A持头等舱客票，另一位旅客B持经济舱客票，共托运3件行李，共计39kg，则这两位旅客的免费行李额可以合并计算为40kg+20kg=60kg。

（四）逾重行李费

1. 逾重行李的定义

超过免费行李额的行李为逾重行李。

2. 逾重行李费的收费

（1）计重制免费行李额的逾重行李：费率（按填开逾重行李票之日所使用的公布直达单程成人经济舱全票价的1.5%）×逾重公斤数。

【例6-2】某旅客搭乘东航上海至北京的航班，托运行李30kg，随身物品5kg，机票为经济舱7折，价格为790元（不含税费），该旅客行李是否超重？如果超重，逾重行李费是多少？

经济舱免费行李额为20kg，所以行李超了10kg，随身物品不计入免费行李额中；每公斤超重的费率为上海至北京成人经济舱全价的1.5%，即1130×1.5%=16.95元，所以，收取超重费16.95×10=169.5元。

（2）计件制免费行李额的逾重行李：按各航空公司的具体规定收取费用。

四、行李声明价值

国内航线旅客交运的行李，每公斤价值超过人民币100.00元，可自愿办理行李声明价值。行李声明价值以元为单位，不足元者，进整为元。

计算公式为：

声明价值附加费=（行李的声明价值−100.00×办理声明价值行李的重量）×0.5%

每一旅客的行李的声明价值最高为人民币8000元。旅客随身携带的自理行李、手提行李、小动物不办理声明价值。

第二节 特殊行李的运输

引例　旅客携带锂电池乘机会被禁止吗？

自2005年以来，至少有9起飞机上的火灾同锂电池有关，美国政府因此准备对旅客携带锂电池乘机设限。根据《今日美国》报道，目前许多旅客要携带锂电池上飞机，这类电池是笔记本电脑和手机等电子产品的电源。美国交通运输部官员李察德表示,该部门已经禁止客机大量运载某种锂电池,预计该部门将在年底前对锂电池上机提出更多的限制。

李察德说,该部门虽然尚未计划立即禁止旅客随身携带锂电池登机,却已经在研究锂电池对飞机客舱的威胁。他说,该部门有可能规定,旅客的托运行李中不可放进锂电池。李察德说:"美国公众希望携带锂电池及电子产品登机,但我们必须考虑客机上的安全问题,必须禁止携带可能引起火灾的任何东西。"

不过,随身携带的行李中如果有锂电池引发火灾,由于发生在客舱中,应能及时发现,并迅速被扑灭;何况要从旅客随身携带的行李中,一一查出有锂电池的小电器,这也不是一件容易的事。因此,预料美国仍会继续允许旅客在随身携带的行李中放置锂电池。

一、不得作为托运行李收运的物品

在托运行李中,不得放置或夹带现金、有价票证、珠宝、贵重金属及其制品、古玩字画、电脑、个人电子设备、样品等贵重物品、易碎或易损坏物品、易腐物品、锂电池、重要文件和资料、旅行证件等物品以及个人需定时服用的处方药。对托运行李中放置或夹带上述物品的遗失和损坏,按一般托运行李承担责任。

二、限制运输的行李物品

下列物品只有在符合严格的数量限制和数量要求的情况下,并经航空公司同意,方可接受运输:

(1)精密仪器、电器等类物品,应作为货物运输。如按托运行李运输,必须妥善包装,并且此类物品的重量不计算在免费行李额内。

(2)不适宜在航空器货舱内运输的物品,如精致的乐器,并且不符合本条件随身物品的规定,应作为占座行李带入客舱。此类物品需单独付费并由旅客自行保管。

(3)用于狩猎和体育运动的枪支和弹药应作为托运行李运输。枪支必须卸下子弹、扣上保险并按规定妥善包装。此类枪支和弹药的运输应符合适用的法律、法规及公司的规定。

(4)管制刀具以外的利器、钝器,如菜刀、水果刀、餐刀、工艺品刀、手术刀、剪刀以及钢锉、斧子、短棍、锤子等,应放入托运行李内运输。

(5)干冰、液态饮品、含酒精类化妆品。

(6)旅客旅行中使用的电动轮椅。

(7)小动物、导盲犬和助听犬。

三、小动物运输

小动物的定义:指家庭饲养的猫、狗、小鸟或其他小动物,不包括导盲犬和助听犬。

旅客必须在定座或购票时提出，并征得承运人的同意，必须具备出境、入境和过境国家关于运输小动物的必要证件（如动物检疫证明等）。

装运小动物的容器需足够坚固，能防止小动物破坏、逃逸和伸出容器之外损伤旅客、行李或货物；要保证空气流通，不致使小动物窒息；能防止粪便渗溢，以免污染飞机和其他物品。

除经承运人特别同意外，小动物不能放在客舱，应装入货舱内运输。由于有关国家拒绝入境、过境或在正常运输条件下小动物不能按时运达目的地、受伤、患病、逃逸或死亡，承运人不承担责任。

小动物及其容器和食物的重量，不得计算在免费行李额内，运费按行李运价计收（图6-2）。

图6-2　要承运的小动物

四、导盲犬和助听犬运输

导盲犬、助听犬的运输须事先提出，在符合运输条件并经同意后，可由盲人或聋人旅客本人带入客舱运输。导盲犬、助听犬可免费运输，不计入免费行李额。旅客对自己携带的导盲犬、助听犬可能对其他旅客或对航空公司造成的所有损害或伤害承担全部责任。

五、危险品行李运输

危险品是指会危害健康、危及安全、造成财产损失或环境污染，并在国际航空运输协会（IATA）颁布的《危险品规则》清单中列明的，或依据《危险品规则》进行分类的物品或物质。

（一）危险品规则

《危险品规则》（图6-3）是在ICAO《技术细则》的基础上，以IATA协会的附加要求和有关文件的细节作为补充，是各个航空公司共同遵守的行业操作手册，代号为DGR。其每年更新一次，新版本于每年的1月1日生效。

图6-3 《危险品规则》封面

(二)危险品的分类

某些危险品的危险性太大不可用航空器运输,有些危险品只能由货机装运,还有些危险品客机和货机都可运输。

第1类:爆炸品(Explosives)。

第2类:气体(Gases)。

第3类:易燃液体(Flammable Liquids)。

第4类:易燃固体、自燃物质和遇水释放易燃气体的物质(Flammable Solids; Substances Liable to Spontaneous Combustion; Substances Which in Contact with Water, Emit Flammable Gases)。

第5类:氧化剂和有机过氧化物(Oxidizing Substances and Organic Peroxide)。

第6类:毒性物质和感染性物质(Toxic and Infectious Substances)。

第7类:放射性物质(Radioactive Material)。

第8类:腐蚀性物质(Corrosives)。

第9类:杂项危险品(Miscellaneous Dangerous Goods)。

(三)危险品危险性标签

第1类危险品危险性标签如图6-4所示。

图6-4　第1类危险品危险性标签

第2类危险品危险性标签如图6-5所示。

图6-5　第2类危险品危险性标签

第3类危险品危险性标签如图6-6所示。

图6-6　第3类危险品危险性标签

第4类危险品危险性标签如图6-7所示。

图6-7　第4类危险品危险性标签

第5类危险品危险性标签如图6-8所示。

图6-8　第5类危险品危险性标签

第6类危险品危险性标签如图6-9所示。

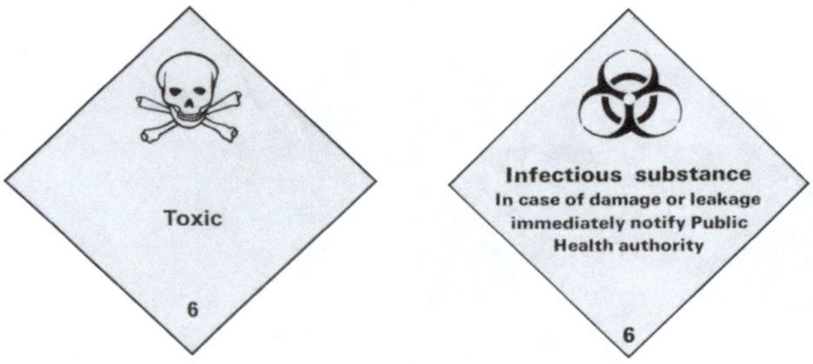

图6-9　第6类危险品危险性标签

第7类危险品危险性标签如图6-10所示。

图6-10　第7类危险品危险性标签

第8类危险品危险性标签如图6-11所示。

图6-11　第8类危险品危险性标签

第9类危险品危险性标签如图6-12所示。

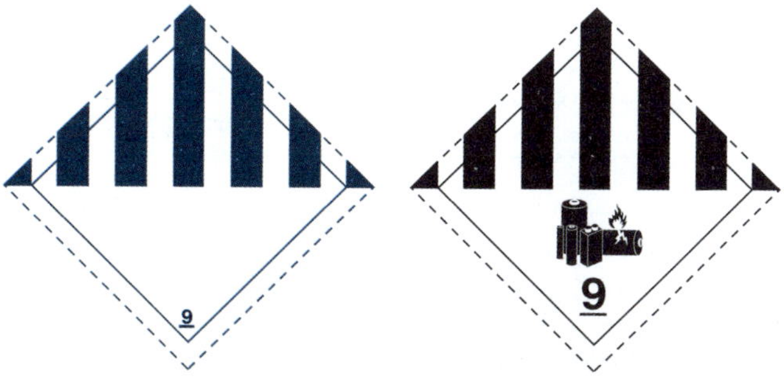

图6-12　第9类危险品危险性标签

（四）关于旅客和机组人员携带危险品的规定[《危险品规则》（DGR）表2.3.A举例]

危险物品原则上不得作为行李运输，无论托运还是随身带入客舱，但为了旅客旅途中使用和生活上的方便，表6-2中所列物品在符合相关要求下，可以作为行李运输。

旅客和机组人员携带危险品的规定　　表6-2

	需由经营人批准	允许在交运行李中或作为交运行李	允许在手提行李中或作为手提行李	必须通知机长装载位置
酒精饮料（Alcoholic beverages）：在零售包装内体积浓度在24%以上但不超过70%的酒精饮料，装于不超过5L的容器内，每个人携带的总净数量不超过5L	否	是	是	否
安全包装的弹药（Ammunition, securely packaged）：只限1.4s UN0012和UN0014，仅限本人自用，每人携带毛重不超过5kg。一人以上所携带的弹药不得合并成一个或数个包装件	是	是	否	否
雪崩救援背包（Avalanche rescue backpack）：每人允许携带一个，含有2.2项压缩气体的气瓶，也可装备有小于200mg净重的1.4s项物质的焰火引发装置。这种背包的包装方式必须保证不会意外开启，背包中的气囊必须装有减压阀	是	是	是	否
安装了锂电池的行李（Baggage with installed lithium batteries）：电池不可拆卸且不得超过0.3g锂金属含量或2.7W·h	禁止			
安装了锂电池的行李（Baggage with installed lithium batteries）： （1）电池不可拆卸。锂金属电池锂金属含量不超过0.3g或锂离子电池不超过2.7W·h。 （2）电池可拆卸。如果行李交运，则必须卸下电池，卸下的电池必须带入客舱	否	是	是	否
电池，备用/零散的，包括锂金属或锂离子电池芯或电池（Batteries, spare/loose, including lithium metal or lithiumion cells or batteries）：便携式电子设备所用电池只允许旅客在手提行李中携带。对于锂金属电池，锂金属含量不能超过2g；对于锂离子电池，额定功率不能超过100W·h。主要作用是作为电源的制品，如移动电源视为备用电池。这些电池必须单独保护以防止短路，每人可最多携带20块备用电池，经营人可以批准携带超过20块电池	否	否	是	否

续上表

	需由经营人批准	允许在交运行李中或作为交运行李	允许在手提行李中或作为手提行李	必须通知机长装载位置
野营炉具和装有易燃液体燃料的燃料罐(Camping stoves and fuel containers that have contained a flammable liquid fuel):带有空燃料罐和/或燃料容器(详见2.3.2.5)	是	是	否	否
化学品监视设备(Chemical Agent Monitoring Equipment):由禁止化学武器组织(OPCW)的官方人员公务旅行携带的(见2.3.4.4)	是	是	是	否
使人丧失行为能力的装置(Disabling devices):含有刺激性和使人丧失行为能力的物质,如催泪瓦斯、胡椒喷雾剂等,禁止随身、放入交运行李和手提行李中携带	禁止			
干冰(固体二氧化碳)[Dry ice(carbon dioxide,solid)]:用于不受本规则限制的鲜活易腐食品保鲜的干冰,每位旅客携带不得超过2.5kg,可以作为手提或交运行李,但行李(包装件)可以允许释放二氧化碳气体。交运的行李必须标注"干冰"或"固体二氧化碳"及其净重,或注明干冰小于或等于2.5kg	是	是	是	否
电子香烟(E-cigarettes):含有电池的(包括电子雪茄、电子烟斗、其他私人用汽化器)必须单独保护以防意外启动	否	否	是	否
电击武器(Electro shock weapons):如泰瑟枪,含有诸如爆炸品、压缩气体、锂电池等危险品,禁止放入手提行李或交运行李或随身携带	禁止			
含有燃料的燃料电池(Fuel cells):含燃料的,为便携式电子设备供电,如照相机、手机、笔记本电脑及小型摄像机等,详见2.3.5.9	否	否	是	否
备用燃料电池罐(Fuel cell cartridges,spare):为便携式电子设备供电,详见2.3.5.9	否	是	是	否
小型非易燃气罐(Gas cartriges,small,non-flammable):安装在自动充气安全设备,如救生衣或背心上的装有二氧化碳或其他2.2项气体的小型气罐,每个设备携带不超过2个气罐。每位旅客携带不超过1个设备和不超过2个备用小型气罐,不超过4个其他设备用的水容量最多50mL的气罐,见2.3.4.2	是	是	是	否
非易燃无毒气体气瓶(Gas cylinders,non-flammable,non-toxic):用于操作机械假肢的气瓶以及为保证旅途中使用而携带的大小相仿的备用气瓶	否	是	是	否
含有烃类气体的卷发器(Hair curlers containing hydrocarbon gas):如果卷发器的加热器上装有严密的安全盖,则每名旅客或机组人员最多可带一个。这种卷发器任何时候都禁止在航空器上使用,其充气罐不准在手提行李或交运行李中携带	否	是	是	否
产生热量的物品(Heat producing articles):如水下电筒(潜水灯)和电烙铁,详见2.3.4.6	是	是	是	否
含有冷冻液氮的隔热包装(Insulated packagings containing refrigerated liquid nitrogen):(液氮干装)液氮被完全吸附于多孔物质中,内装物仅为非危险品	否	是	是	否
内燃机或燃料电池发动机(Internal combustion or fuel cell engines):必须符合A70,详见2.3.5.13	否	是	否	否

续上表

	需由经营人批准	允许在交运行李中或作为交运行李	允许在手提行李中或作为手提行李	必须通知机长装载位置
锂电池，装有锂电池的保安型设备（Lithium Batteries，Security-type equipment containing lithium batteries）：详见2.3.2.6	是	是	否	否
锂电池，含有锂金属或锂离子电池芯或电池的便携式电子设备［Lithium Batteries，Portable electronic devices（PED）containing lithium metal or lithium ion cells or batteries］：包括医疗设备如旅客或机组人员携带的供个人使用的便携式集氧器（POC）和消费电子产品，如照相机、移动电话、笔记本电脑和平板电脑（见2.3.5.8）。锂金属电池的锂含量不得超过2g，锂离子电池的瓦时数不得超过100W•h。在交运行李中的设备必须完全关闭并且加以保护防止损坏（不能为睡眠或休眠模式）。每人最多可携带15台PED，但经营人可以批准携带超过15台PED。 锂电池，备用/零散的：包括移动电源，见"电池，备用/零散的"	否	是	是	否
锂电池供电的电子设备（Lihium battery-powered electronic devices）：供便携式电子设备（包括医用）使用的功率大于100W•h但不大于160W•h的锂离子电池。锂金属含量超过2g但不超过8g的仅供便携式医疗电子设备专用的锂金属电池。在交运行李中的设备必须完全关闭并且加以保护防止损坏（不能为睡眠模式或休眠模式）	是	是	是	否
锂电池，备用/零散的（Lithium batteries,spare/loose）：消费类电子装置和便携式医疗电子设备（PMED）使用的瓦特小时大于100W•h但不大于160W•h的锂离子电池，或仅供便携式医疗电子设备（PMED）专用的锂金属含量超过2g但不超过8g的锂金属电池。最多2块备用电池仅限在手提行李中携带，这些电池必须单独保护以防短路	是	否	是	否
安全火柴（一小盒）或一个小型香烟打火机［Matches,safety（one small packet）or a small cigarette lighter］：个人使用带在身上的不含未被吸附的液体燃料且非液化气体的打火机。打火机燃料或燃料充装罐不允许随身携带，也不允许放入交运行李或手提行李中。 注："即擦式"火柴、"蓝焰""雪茄"打火机或无安全帽/防止意外启动保护措施的锂电池驱动的打火机禁止运输	否	带在身上		否
助行器（Mobility Aids）：装有密封型湿电池或符合特殊规定A123或A199电池的电动轮椅或其他类似助行器（见2.3.2.2）	是	是	否	是
助行器（Mobility Aids）：装有非密封型电池或锂离子电池的轮椅或其他类似电动助行器（详见2.3.2.3和2.3.2.4）	是	是	否	是
助行器（Mobility Aids）：装有锂电池的轮椅或其他类似电动助行器，如果该助行器的设计允许电池拆卸，则必须将电池在客舱内携带［详见2.3.2.4.3（b）2］	是	否	是	是
非放射性药品或化妆用品（Non-radioactive medicinal or toiletry articles）：包括气溶胶（如发胶、香水、科隆香水以及含酒精的药品）和非易燃无毒（2.2项）的气溶胶［Non-flammable,non-toxic（Division 2.2）areasols］，无次要危险性，体育运动用或家用。非放射性药品或化妆用品和2.2项非易燃无毒的气溶胶总净量不得超过2kg或2L，单个物品的净量不得超过0.5kg或0.5L。气溶胶阀门必须有盖子或用其他方法保护，以防止意外打开阀门释放内容物	否	是	是	否

续上表

物品	需由经营人批准	允许在交运行李中或作为交运行李	允许在手提行李中或作为手提行李	必须通知机长装载位置
氧气或空气气瓶(Oxygen or air,gaseous,cylinders):用于医学用途,气瓶的毛重不得超过5kg。 注:液态氧装置禁止运输	是	是	是	是
渗透装置(Permeation devices):必须符合A41,详见2.3.5.14	否	是	否	否
含有密封型电池的便携式电子设备(Portable electronic devices containing non-spillable batteries):电池必须符合A67且等于或小于12V和等于或小于100W•h,最多可携带2个备用电池(详见2.3.5.11)	否	是	是	否
放射性同位素心脏起搏器(Radioisotopic cardiac pacemakers)或其他装置:包括植入体内或体外安装的以锂电池为动力的装置	否	带在身上		否
保险型公文箱、现金箱、现金袋(Security-type attache cases,cash boxes, cash bags):除2.3.2.6节以外,装有锂电池和/或烟火材料等危险品,是完全禁运的,见DGR4.2危险品表中的条目	禁止			
非感染性样本(Specimens,non-infectious):与少量易燃液体包装在一起,必须符合A180(详见2.3.5.12)	否	是	是	否
医疗或临床用温度计(Thermometer,medical or clinical):含汞,个人使用每人允许携带一支,放在保护盒内	否	是	否	否
水银气压计或温度计(Thermometer or barometer,mercury filled):由政府气象局或其他类似官方机构携带的(详见2.3.3.1)	是	否	是	是

注:1.表中内容仅为部分举例,最新完整信息务必查询最新版的《危险品规则》(DGR)表2.3.A。

2.表中规定为国际航协(IATA)的要求,各航空公司必须遵守,但必须注意,各个国家以及各个航空公司可以根据各自情况,提出更加严格的规定。例如:中国民航规定,禁止随身携带一切打火机、火柴。

(五)锂电池的行李运输

1. 适用范围

(1)个人自用的内含锂电池的电子设备(如手表、计算器、照相机、手机、手提电脑、便携式摄像机等)及备用锂电池。

(2)为医疗用途携带的内含锂电池的便携式电子医疗装置(如自动体外除颤器、喷雾器、持续气道正压呼吸器等)及备用锂电池。

(3)内含锂离子电池的电动轮椅或类似的移动辅助器材。

2. 锂含量和额定能量限制

由于电池上标注不清晰或未标注,也没有其他证明,无法确定电池中锂含量或电池额定能量的锂电池,航空公司可以拒绝运输。

(1)个人自用电子设备中的锂电池和备用锂电池作为行李运输时,锂含量和额定能量限制如下:

①锂金属或锂合金电池，锂含量应不超过2g。

②锂离子电池，额定能量应不超过100W·h。

③经航空公司批准后，锂离子电池的额定能量可大于100 W·h但不应超过160W·h。

(2)便携式电子医疗装置中的锂电池和备用锂电池作为行李运输时，其锂含量和额定能量限制如下：

①锂金属电池锂含量不应超过8g。

②锂离子电池额定能量不应超过160W·h。

(3)电动轮椅或类似移动辅助器材中的锂电池可拆下时，额定能量限制如下：

①电池额定能量不得超过300W·h。

②设备操作需要安装两个电池，每个电池额定能量不得超过160W·h。

3. 保护措施

(1)备用电池应单个做好保护以防短路，包括将备用电池放置于原厂零售包装中或对电极进行绝缘处理，例如可将暴露的电极用胶布粘住，或者将每一块电池单独装在塑料袋或者保护袋中。

(2)安装有锂电池的设备应有防止设备意外启动的措施。

4. 备用电池数量

(1)对于便携式的电子消费品，如果锂含量不超过2g的锂金属电池和额定能量不超过100W·h的锂离子电池，携带备用电池的数量应以旅客和机组成员在行程中使用设备所需的合理数量为判断标准。对于额定能量在100～160W·h的锂离子电池，经航空运营人批准后，每人可携带的备用电池的数量不应超过2块。

(2)对于便携式电子医疗装置的备用锂电池，每人携带不应超过2块。

(3)对于可以卸下的轮椅用锂电池，可以携带1块不超过300W·h的备用电池，或者2块各不超过160W·h的备用电池。

(4)中国民用航空局规定锂电池移动电源(充电宝)应视为备用电池，除满足本条第(1)款规定外，严禁将锂电池移动电源放入托运行李。旅客不得在飞机飞行过程中使用锂电池移动电源给电子设备充电。对于有启动开关的锂电池移动电源，在飞行过程中应当确保锂电池移动电源始终处于关闭状态。

5. 行李类型

内含锂电池的设备可置于托运行李或手提行李运输，备用锂电池仅能置于手提行李运输，具体要求见表6-3。

锂电池和带锂电池设备行李运输一览表　　表6-3

设　备	额定能量或锂含量限制	行李类型	数量限制	批　准	保护措施	通知机长
个人自用电子设备	≤100W·h或≤2g	托运、手提、随身	—	—	防意外启动	—
	100～160W·h		—	运营人批准		—
个人自用电子设备的备用电池	≤100W·h或≤2g	手提、随身	见注释	—	单个保护	—
	100～160W·h		不超过2块	运营人批准		—

续上表

设备		额定能量或锂含量限制	行李类型	数量限制	批准	保护措施	通知机长
便携式电子医疗装置		≤100W·h或≤2g	托运、手提、随身	—	—	防意外启动	—
		100～160W·h或2～9g			运营人批准		—
便携式电子医疗装置的备用电池		≤100W·h或≤2g	手提、随身	不超过2块	—	单个保护	—
		100～160W·h或2～8g		见注释	运营人批准		—
电动轮椅或代步工具	电池不可卸	—	托运	—	运营人批准	电池防短路防受损	通知机长
	电池可卸	≤300W·h	电池应卸下并手提	—			
电动轮椅或代步工具的备用电池		≤160W·h	手提	不超过2块			
		160～300W·h		1块			

注:携带数量以不超过旅客和机组成员在行程中使用设备所需最小数量的两倍为判断标准。

小知识

锂电池额定功率的计算

目前生产的电子设备中的锂离子电池,一般直接标明额定功率,单位是W·h(瓦特小时),但以前生产的锂离子电池只写有电池的容量为××××mA·h以及电池的电压,因此需要通过公式简单的换算下,计算公式为:

电池功率(W·h)=电池电压(V)×电池容量(A·h)。

请注意,这里的电池容量单位是A·h而不是mA·h, 1A·h=1000mA·h。例如某块电池(图6-13)是3.6V/1000mA·h,则它的功率是3.6V×1000mA·h/1000=3.6W·h。

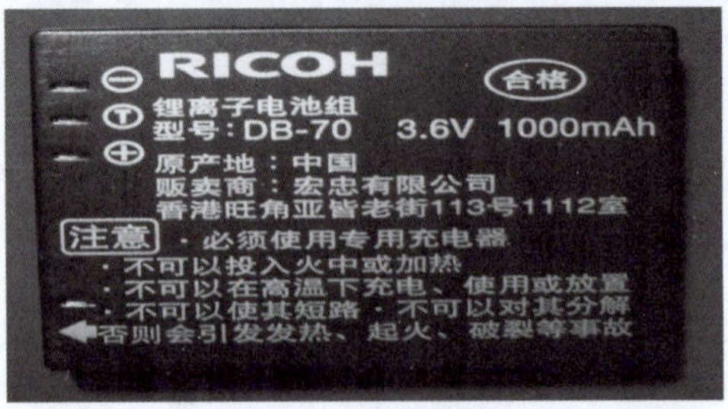

图6-13 锂离子电池

如果只看电池的容量值是很片面的,例如一块电池是10.4V/4400mA·h,另一块电池是14.8V/3600mA·h,看起来似乎是前面一块电池的功率大,实际上后者电池功率(14.8V×3600mA·h/1000=53.28W·h)比前者(10.4V×4400mA·h/1000=47.52W·h)大。电池的电压和容量一般都会在电池上标明,自己计算一下就知道了。

小链接

旅客携带充电宝乘坐航班的规定

充电宝是指主要功能用于给手机等电子设备提供外部电源的锂电池移动电源。根据国际民航组织现行有效的《危险物品安全航空运输技术细则》和我国的《中国民用航空危险品运输管理规定》，旅客携带充电宝乘机应遵守以下规定：

(1)充电宝必须是旅客个人自用携带。

(2)充电宝只能在手提行李中携带或随身携带，严禁在托运行李中携带。

(3)充电宝额定能量不超过100W·h，无须航空公司批准；额定能量超过100W·h但不超过160W·h，经航空公司批准后方可携带，但每名旅客不得携带超过两个充电宝。

(4)严禁携带额定能量超过160W·h的充电宝；严禁携带未标明额定能量同时也未能通过标注的其他参数计算得出额定能量的充电宝。

(5)不得在飞行过程中使用充电宝给电子设备充电。对于有启动开关的充电宝，在飞行过程中应始终关闭充电宝。

上述规定同时适用于机组人员。

(六)电池驱动的电动轮椅或助动器

1. 非防漏型电池驱动的电动轮椅或助动器

非防漏型电池驱动的电动轮椅或助动器必须获得航空公司同意方可承运。

(1)必须填制特殊行李机长通知单(NOTOC)以将内装电池的轮椅或加包装的电池的装机位置通知机长，并与机长交接。

(2)装有非防漏型电池的电动轮椅(助动器)，应始终以直立方式装运、放置、固定与卸下。电池应处于断路状态，电极应绝缘以防止意外短路，并且电池应牢固附于轮椅(助动器)上。

(3)如果不能保证以直立方式装运、放置、固定与卸下，则应卸下电池，轮椅(助动器)作为托运行李运输，卸下的电池应装入坚固的硬质包装运输，且包装应满足以下条件：

①包装应严密不漏，能阻止电池液渗漏，并用适当方式固定(如使用绑扎带、固定夹或支架)将包装固定在货板上或货舱内(不得用货物或行李支撑)以防翻倒。

②电池应防止短路，并直立固定于包装内，周围用合适的数量充足 的吸附材料填满。

③包装应标有“BATTERY，WET，WITH WHEELCHAIR（轮椅用湿电池）”或“BATTERY，WET，WITH MOBILITY AID（助动器用湿电池）”字样(图6-14)，并加贴“腐蚀性”标签和“包装件方向性”标签 。

2. 防漏型电池驱动的电动轮椅或助动器

电池应处于断路状态，电极应绝缘以防止意外短路，并且电池应牢固附于轮椅(助动器)上，经营人确保电动轮椅(助动器)的装载方式能防止意外起动，防止由于货物、行李、邮件的移动而导致电动轮椅(助动器)的损坏。

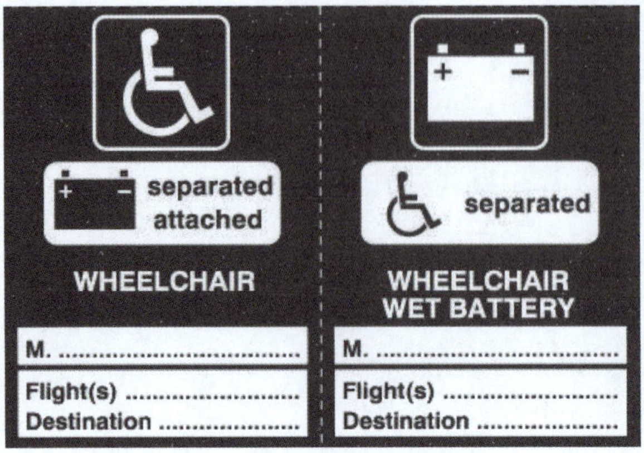

图6-14 电动轮椅标签

注:该标签左边部分粘贴在轮椅上,右边部分粘贴在包装件上。

小链接

我国关于旅客随身携带液态物品乘坐航班的规定

为维护旅客生命财产安全,中国民用航空局二○○八年三月十四日决定调整旅客随身携带液态物品乘坐国内和国际航班的相关措施,现公告如下:

(1)乘坐国内航班的旅客一律禁止随身携带液态物品,但可办理交运,其包装应符合民航运输有关规定。

(2)旅客携带少量旅行自用的化妆品,每种化妆品限带一件,其容器容积不得超过100mL,并应置于独立袋内,接受开瓶检查。

(3)来自境外需在中国境内机场转乘国内航班的旅客,其携带入境的免税液态物品应置于袋体完好无损且封口的透明塑料袋内,并需出示购物凭证,经安全检查确认无疑后方可携带。

(4)有婴儿随行的旅客,购票时可向航空公司申请,由航空公司在机上免费提供液态乳制品;糖尿病患者或其他患者携带必需的液态药品,经安全检查确认无疑后,交由机组保管。

(5)乘坐国际、地区航班的旅客,乘坐从中国境内机场始发的国际、地区航班的旅客,其随身携带的液态物品每件容积不得超过100mL。

盛放液态物品的容器,应置于最大容积不超过1L的、可重新封口的透明塑料袋中。每名旅客每次仅允许携带一个透明塑料袋,超出部分应交运。

盛装液态物品的透明塑料袋应单独接受安全检查。

需在国外、境外机场转机的由中国境内机场始发的国际、地区航班旅客,在候机楼免税店或机上购买液态物品,应保留购物凭证以备查验。所购物品应盛放在封口的透明塑料袋中,且不得自行拆封。国外、境外机场对携带免税液态物品有特殊规定的,应遵从其规定。

第三节 行李的赔偿

引例　行李丢失了赔偿多少由谁说了算？

某旅客乘坐2月26日某航空公司海南至上海的航班，托运行李遗失，消费者旅行用品及购买旅游纪念品价值8000元，但是航空公司只同意按照每公斤100元的标准，补偿旅客1700元。

根据《中华人民共和国民用航空法》第一百二十五条规定："因发生在航空运输期间的事件，造成旅客的托运行李毁灭、遗失或者损坏的，承运人应当承担责任"。同时承运人应按照《国内航空运输承运人赔偿责任限额规定》中第三条第三款"对旅客托运的行李和对运输的货物的赔偿责任限额，为每公斤人民币100元"的规定，向旅客做出赔偿。该案中，旅客所托运的行李为17kg，托运时未向承运人申请声明价值的赔偿，因此承运人按照托运行李共赔偿1700元，符合规定。

中国消费者协会提醒航空消费者，在托运行李时尽量避免将贵重物品交付托运。同时，随着人民生活水平的不断提高，行李的价值越来越大，现行行李赔偿责任限额已不能满足旅客的需求，呼吁提高托运行李赔偿责任限额。对此，中国民用航空局正在进行调研。

一、临时生活补偿

因航空公司原因，使旅客的托运行李未能与旅客同机到达，造成旅客旅途生活不便，航空公司按规定给予旅客临时生活用品补偿费人民币100元。

二、行李赔偿

（1）旅客的托运行李从托运时起到交付时止，如发生延误、丢失或者损坏，航空公司应当承担责任。

（2）航空公司证明为了避免延误损失的发生已经采取了一切必要的措施或者不可能采取措施的，不承担责任。

（3）托运行李的损失完全是由于行李本身的自然属性、质量或者缺陷造成的，航空公司不承担责任。

（4）由于旅客行李内装物品造成该旅客伤害或其行李损害，航空公司不承担责任。由于旅客行李内装物品对他人造成伤害或对他人物品或航空公司财产造成损害，旅客应当赔偿航空公司的所有损失和由此支付的一切费用。

(5)对于旅客在托运行李内夹带的不得作为托运行李运输的物品的丢失或损坏,航空公司只按一般托运行李承担赔偿责任。

三、赔偿限额

(1)国内运输中,旅客的托运行李全部或部分损坏、丢失,赔偿金额每公斤不超过人民币100元。如行李的价值每公斤低于100元时,按实际价值赔偿。

(2)旅客丢失行李的重量按实际托运行李的重量计算,如果无法确定丢失的行李重量,每一旅客的丢失行李最多只能按该旅客享受的免费行李额赔偿。

(3)旅客的丢失行李如已办理行李声明价值,应按声明的价值赔偿。行李的声明价值高于实际价值时,按实际价值赔偿。

(4)国内运输中,上、下飞机期间或飞机上的事件造成旅客的自理行李和免费随身携带物品灭失,航空公司承担的最高赔偿金额每位旅客不超过人民币3000元。

(5)行李赔偿时,对赔偿行李收取的逾重行李费应退还,已收取的声明价值附加费不退。

(6)构成国际运输的国内航段,行李赔偿按适用的国际运输行李赔偿规定办理。

(7)在国际航班行李运输中造成行李毁灭、遗失、损坏或者延误的,对每名旅客的赔偿责任限额为1000特别提款权(约1360美元),此公约于2005年7月31日起在我国生效。

本章小结

行李运输在旅客运输中占据非常重要的地位,旅客的旅行是否成功,往往取决于旅客所携带的行李物品运输的完好性和准确性,行李运输工作的好坏直接影响到飞行安全、航班正常和服务质量。行李运输包含知识点较多,有行李的定义与分类、不得作为行李运输的物品、限制运输的行李、特殊行李的运输、免费行李额、逾重行李以及行李的赔偿。其中,有些内容与规定,各个航空运输企业还不尽相同且常有变化,因此要求相应岗位工作人员能做到知识点的及时更新。

思考与练习

一、判断改错题

1. 免费行李额包括托运行李、自理行李、随身携带物品。

2. 个人使用的体温计作为行李运输无须征得承运人同意,可以托运但不得随身。

3. 托运行李国内航班重量限制一般为50kg,尺寸为20cm×40cm×55cm。

4. 贵重物品、珠宝、易碎品属于不得作为托运行李的物品。

5. 管制刀具以外的钝器属于禁运物品。

6. 两瓶酒精浓度55%的白酒，征得承运人同意可以作为自理行李带入客舱内。

7. 国内航班上，旅客丢失20kg的托运行李，赔偿限额是3000元人民币。

二、简答题

1. 简述旅客携带含锂电池设备乘机的相关规定。

2. 简述小动物作为行李运输的相关规定。

3. 列出5种不得作为行李运输的物品名称。

第七章

旅客运送

第一节 乘机手续办理的一般知识

引例 手指一点，座位搞定

乘坐航班，只需手指轻轻一点，值机选座轻松办理。东航通报称，东航(含上航、中联航)在武汉等国内139个站点均开通短信值机、微信值机业务，旅客无须到机场柜台排队，就可在手机上自主选择座位。

据了解，除东航、南航等航空公司也都开通了微信、短信值机等方式，旅客选择这种方式，便无须再像以前一样长时间排队值机。凭借手机中的二维码电子登机牌，即可在安检口和登机口扫描登机，实现全程电子化。

一、办理乘机手续的方式与时间

随着新技术的应用以及航空公司服务的人性化，旅客办理乘机手续的形式除了传统的去机场人工办理之外，还有网上值机、短信值机、移动值机、机场自助值机办理等多种形式，满足了不同类型的旅客的各种需求。

1. 网上值机

网上值机是一种快捷方便的值机手续办理方式，如无须行李托运，那么可以直接通过网上办理打印登机牌(图7-1)，直接通过安全检查，无须去机场值机柜台排队办理领取登机牌。网上办理值机手续一般提前1d办理至航班起飞前1～2h截止。

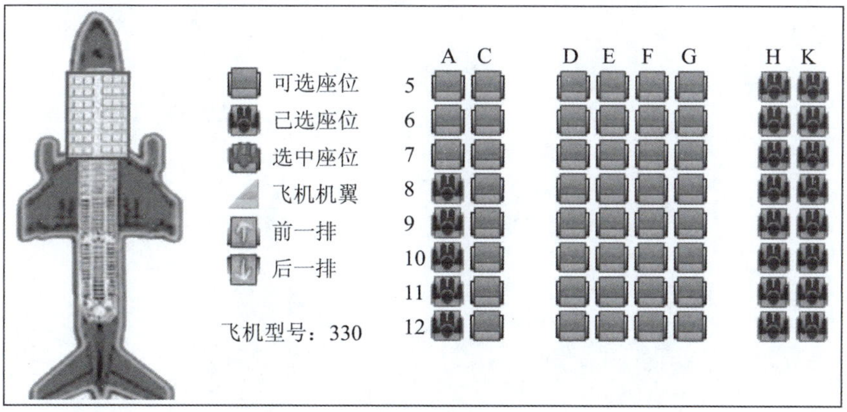

图7-1 网上值机座位示意图

2. 短信值机

短信值机是指旅客通过发送和接收短消息的形式办理值机手续，如：南航发送“ZJ”至

95539,然后按短信息提示进行操作。短信办理值机手续一般也是提前1d办理至航班起飞前1～2h截止。

3. 移动值机

移动值机也称手机登机牌,是指旅客通过网上值机以及短信值机获得一条彩信,内含二维码和旅客的姓名、航班号、日期以及座位号、登机口等信息,可凭手机登机牌直接通过安检和登机口(图7-2)。目前,大部分航空公司已经开通此项业务。

4. 机场自助值机

机场自助值机是指为了旅客的方便,在机场自助值机柜台前旅客以自助的形式办理,通过屏幕提示选择座位,确认信息并打印登机牌(图7-3)。一般只有电子客票才能办理自助值机,并需要提前30min或者45min办理。

图7-2 手机登机牌

图7-3 自助值机柜台

5. 人工办理值机

人工办理值机是指传统的去机场指定值机柜台办理乘机手续,领取登机牌以及行李交运,一般需要提前30min或者45min办理(图7-4)。

图7-4 人工办理值机

二、旅客乘机证件类别

（一）国内航班乘机证件

（1）中国大陆（内地）地区居民的有效居民身份证、临时居民身份证、护照。

（2）中国人民解放军、中国人民武装警察部队及其文职干部等，分别使用军官证、文职干部证、义务兵证、士官证、文职人员证、职工证、武警警官证、武警士兵证或身份证登机。

（3）十六周岁以下的中国大陆（内地）地区居民的有效乘机身份证件还包括出生医学证明、户口簿、学生证或户口所在地公安机关出具的身份证明。

（4）香港、澳门地区居民持港澳居民来往内地通行证，台湾地区居民持台湾居民来往大陆通行证。

（5）外籍旅客持护照、外交部签发的驻华外交人员证、外国人永久居留证。

（6）中国民用航空局规定的其他有效乘机身份证件，如全国人大代表和全国政协委员可以凭本届全国人民代表大会代表证、全国政协委员证登机。

提示：

（1）旅客乘坐国内航班，办理购票、值机、安检手续应当使用同一个有效乘机身份证件。

（2）居民身份证过期不能继续使用。若有效期满的，可以凭临时居民身份证或公安机关出具的贴有本人近期免冠证件照，并加盖户籍专用章且注明有效期的《申领居民身份证回执》作为有效乘机身份证件替代使用。民用机场公安机关应本着"便民、服务"的原则，为有需求的旅客签发《乘坐民航飞机临时身份证明》，保证旅客的顺利出行。

（二）国际及港澳台航班乘机证件

（1）国际航班持相应的护照、签证及健康证明等相关旅行证件，详见第五章内容。

（2）中国居民前往港澳台持内地居民往来港澳通行证或大陆居民往来台湾通行证及入台证。

（3）香港、澳门地区居民来往内地持港澳居民来往内地通行证，台湾地区居民来往大陆持台湾居民来往大陆通行证。

三、客舱内座位安排原则

（1）航班座位不满时，要兼顾机舱各区域对飞机平衡的影响，尽量安排旅客平均分布。

（2）同行旅客、家庭旅客尽量安排在相邻座位上。

（3）病残旅客、孕妇、无人陪伴儿童、盲人等需特殊照顾旅客应尽量安排在靠近服务员、方便入座的座位，但不应安排在紧急出口旁边的座位上。

（4）航班不满的情况下，应将携带不占座婴儿的旅客安排在相邻座位无人的座位上。

（5）需拆机上座位的担架旅客必须本着避免影响其他旅客的原则，一般应在客舱尾部，不能在紧急出口旁边。

（6）犯人旅客应安排在离一般旅客较远、不靠近紧急出口和不靠窗的座位，其押运人员必须安排在犯人旅客旁边的座位上。

（7）紧急出口旁边的座位要尽量安排身体健全、懂中英文字、遇到紧急情况愿意帮助别人的旅客。

（8）因超售而非自愿升舱的旅客座位，应与高舱位付费旅客分开；非自愿降舱的旅客应安排在低舱位较舒适的座位上。

四、登机牌

登机牌（Boarding Pass）是旅客对号登机入座和地面服务人员清点登机旅客人数的依据，是旅客登机的凭证。每位旅客必须持有登机牌，婴儿旅客持有无座登机牌。登机牌中信息主要包括旅客姓名、航班号、日期、目的地、舱位、座位号以及登机口。传统登机牌通过登机牌上的磁条读取信息，但随着技术的革新，国际航协2005年采用了二维条形码，欧美各国率先开始推广和应用“二维条码”登机牌。其信息量大、快捷性强以及安全性的特点被业界认可。

二维条码登机牌的实现，使航空公司在为客人提供服务的时候更加游刃有余，全球航空公司全部完成更换二维条形码，无疑是为旅客办理登机提供了更多可选择的方式。旅客可以在家中登录互联网、使用自助值机亭、手机值机以及在机场柜台办理登机手续。二维条码登机牌还支持航空公司在一个登机牌上打印多个航班信息，这为转机的旅客和通过不同航空公司出游的旅客简化了办理登机手续。此外，二维条码登机牌也提供超值的自助服务，通过扫描条码登机牌，符合资格的旅客可进入快速通道或贵宾室。

以二维条码登机牌为基础，真正的航空无纸化便指日可待了。2008年航空业订立了无纸化的手机二维条码登机牌标准。所谓手机二维条码登机牌，是指客人通过航空公司网页办理值机之后，通过手机彩信的方式获取一条包含旅客本人登机牌信息的二维条码的彩信，旅客前往机场，只要刷一下手机就可以通过安检登机。

1. 传统国内登机牌样本（图7-5）

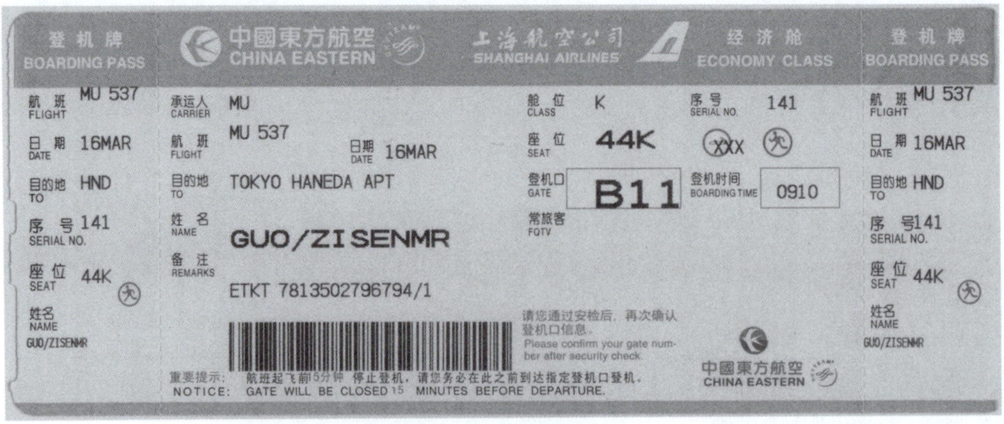

图7-5　国内纸质登机牌

2. 传统国际登机牌（图 7-6）

图 7-6　国际纸质登机牌

3. 机票带登机牌（ATB）（图 7-7）

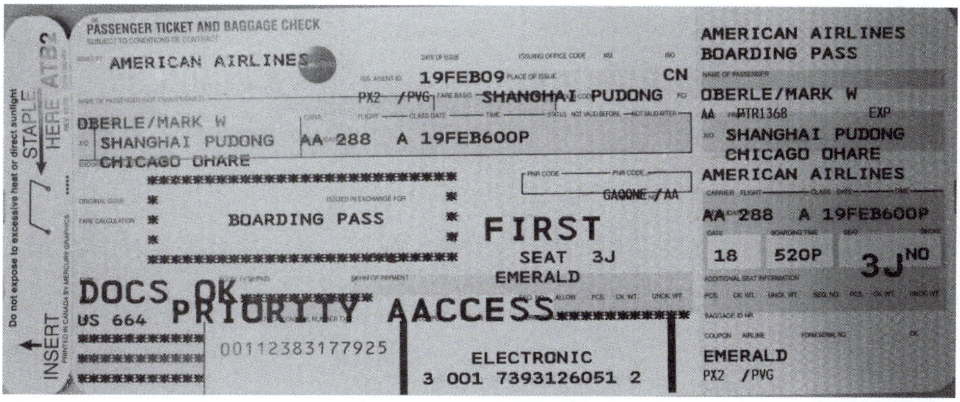

图 7-7　机票带登机牌

4. 二维码电子登机牌（图 7-8）

图 7-8　二维码电子登机牌

第二节 特殊旅客运输

引例 娜娜能上飞机吗?

2006年1月15日上午11时,一场大雪之后,甘肃省酒泉市发生了一起车祸。车祸中14岁的女孩儿娜娜身受重伤,她的右腿从踝关节被撞了下来,肢体分离,她在昏迷中被送到了酒泉市人民医院。由于条件所限,医生建议娜娜的家人带着娜娜去兰州做再植手术。同时告知,如果能够在事故发生后8h以内,最多12h以内进行再植手术,孩子的腿也许还有续接上的希望。于是,娜娜的父母决定乘坐当天唯一飞往兰州的海南航空公司的飞机,把孩子转往700多公里之外的原兰州军区总医院,这也是当时最快的一种方法了。

下午14时,娜娜父母委托朋友买到了两张飞往兰州的机票。17时40分左右赶到了嘉峪关机场。但没有想到的是,机场工作人员见到孩子头缠着绷带躺在担架上,当即拒绝孩子登机。想到多耽搁一分钟,孩子的腿就可能保不住了,娜娜的父亲当众跪下恳求机场工作人员让他们登机,但对方一直不肯让步。随后,飞机开始缓缓滑向跑道。眼睁睁地看着飞机离开,娜娜的父亲当时傻眼了。当他们再乘车前往兰州时,已是第二天凌晨5时40分左右了,此时,娜娜受伤的腿部已有异味,部分溃烂,不可能进行再植了。1月16日上午12时许,医院为娜娜做了截肢手术。

特殊旅客是指在接受旅客运输和旅客在运输过程中,承运人需要给予特别礼遇或者给予特别照顾,或需符合承运人规定的运输条件下方可承运的旅客。特殊旅客包括重要旅客、无成人陪伴儿童、孕妇、婴儿、盲人、病残旅客等。处于下述状况的旅客,一般不适合航空旅行:

(1)患有传染性疾病的旅客。

(2)病危旅客。

(3)精神病患者,易于发狂,可能对他人造成危害。

(4)面部严重损伤,有特殊恶臭或特殊怪癖,可能引起其他旅客厌恶的旅客。

(5)无陪伴担架旅客。

一、重要旅客(VIP)

1. 定义

重要旅客是指具有一定身份、职务或社会知名度的旅客,航空公司将对重要旅客从购票到乘机的整个过程给予特别的礼遇和照顾。

2. 范围

(1)省、部级(含副职)以上的负责人。

(2)军队在职军职少将以上的负责人。

(3)公使、大使级外交使节。

(4)由各部、委以上单位或我驻外使、领馆提出要求按重要旅客接待的客人。

3. 服务内容

(1)高度重视重要旅客运输服务工作。

(2)优先保证重要旅客的机票、座位。

(3)做好重要旅客的信息传递。

(4)优先为重要旅客办理乘机、到达手续。

(5)做好重要旅客的地面接待服务工作。

(6)做好重要旅客的机上服务工作。

二、孕妇(PREG)

由于在高空飞行中,空气中氧气成分相对减少、气压降低,因此孕妇运输需要有一定的限制条件:

(1)怀孕32周或不足32周的孕妇乘机,除医生诊断不适宜乘机者外,可按一般旅客运输。

(2)怀孕超过32周的孕妇乘机,应提供包括下列内容的医生诊断证明:

①旅客姓名、年龄。

②怀孕时间。

③旅行的航程和日期。

④是否适宜乘机。

⑤在机上是否需要提供其他特殊照料等。

上述诊断证明书,应在旅客乘机前72h内填开,并经县级(含)以上的医院盖章和该院医生签字方能生效。

(3)怀孕超过9个月(36周),预产期在4周以内,或预产期不确定但已知为多胎分娩或预计有分娩并发症者,不予接受运输。

三、无成人陪伴儿童(UM或UMNR)

无成人陪伴儿童(图7-9)一般是指五周岁至十二周岁以下的单独乘机的儿童,五周岁以下的无成人陪伴儿童,不予承运。无人陪伴儿童必须符合航空公司的运输条件方可运输。

无成人陪伴儿童定座时应填写一式两份的“无成人陪伴儿童运输申请书”经同意后方可接受定座。票价按成人全票价付费,可单独占一座位。在客票上旅客姓名后注明“UM”或“UMNR”字样及年龄。部分航空公司免费运输无人陪伴儿童,部分航空公司按航班收取适当费用。

在办理乘机手续时,应查验该儿童各种随身旅行证件是否齐备,申请书的内容是否填写完整,费用是否已支付。为该旅客佩戴UM挂牌,托运行李拴挂UM标牌。

图7-9　无成人陪伴儿童

四、病残旅客(MEDA)

由于身体和精神上的病态,空中旅行中不能照顾自己,需由他人照料的旅客,称为病残旅客。带有先天残疾,已习惯于自己生活的人不应视为病残旅客。

一般情况下,病残旅客应有医生或护理人员陪同。在办理乘机手续时,应出示由医院出具的《诊断证明书》。如旅客自备轮椅,在办理乘机手续时,轮椅必须免费托运,由服务部门提供轮椅服务。旅客自备轮椅,在办理乘机手续时,轮椅可以在值机柜台免费托运,也可以在登机口免费托运。轮椅在值机柜台托运的,由服务部门提供轮椅服务。需要轮椅的病人或伤残旅客根据不同的情况分为三种,并用下列代号表示:

(1)WCHR:旅客能够自行上下飞机,并且在客舱内也可以自己走到自己的座位上去。

(2)WCHS:旅客不能自行上下飞机,但在客舱内能够自己走到自己的座位上去。

(3)WCHC:旅客完全不能自己行动,需要由别人扶着或抬着才能进到客舱内自己的座位上去。

WCHS、WCHC需要在定座时事先申请,航班承运WCHR的人数不受限制。

五、担架旅客(STCR)

担架旅客定座不得迟于航班起飞前72h。特殊情况下,在航班起飞前72h内的担架旅客的申请,在航空公司答复可安排的情况下,方可接收。

担架旅客必须至少由一名医生或护理人员陪同旅行。经医生证明,病人在旅行途中不需要医务护理时,也可由其家属或监护人员陪同旅行。

担架旅客只能安排乘坐在经济舱载运,安置担架附近的空余座位,如前一排或相邻一列座位，一般不再售票。

担架旅客的收费按各航空公司各自规定办理，例如国航国内航线收取经济舱正常票价的8倍。

六、盲人（BLND）

盲人旅客是指双目失明的旅客，不是指眼睛有疾病的旅客。眼疾旅客，应按病残旅客处理。定座时提出申请。

有成人陪伴或有导盲犬引路的盲人旅客的运输规定：

(1)有成人陪伴的盲人旅客，按一般旅客接受运输。

(2)有导盲犬引路的盲人旅客（图7-10)，应按规定办理运输手续。特别训练的导盲犬，必须申请后方可运输，可免费带入舱内。导盲犬必须具备国家规定的动物入境或过境的必要检疫证明，导盲犬需带口套及牵引绳索，空中禁止喂食。不适宜运输狗时可拒绝运输导盲犬，每一客舱只能运送一只导盲犬，不能与其他动物同运。

无成人陪伴且无导盲犬引路的盲人旅客，应能自己走动，有照料自己的能力，且在上下机地点有人接送。如有联程运输，应得到有关承运人同意后方可运输。

图7-10 盲人旅客

七、犯人

由于犯人是受到国家法律管束的，在进行犯人运输时，必须与有关公安部门以及通过外交途径与有关外交部门取得密切联系。在办理犯人运输中，应注意符合我国有关法律、法规和对外政策的规定，以及有关国家的法律规定。

通常，犯人的座位安排在机舱最后一排。

八、醉酒旅客

醉酒旅客一般不予运输。航空公司根据醉酒旅客的外形、言谈、举止自行判断决定。对酒后闹事、影响其他旅客旅行时,机长有权拒绝其乘机。在飞行途中,如发现旅客仍处于醉态不适于旅行,或妨碍其他旅客时,机长有权令其在下一个经停站下机。

醉酒旅客被拒绝乘机时,退票按非自愿退票处理。

九、特殊餐食

旅客在定座时提出特殊餐食服务,航空公司可以在机上餐饮服务时提供特殊餐食服务。营业员在定座记录中用SSR指令发送信息。

特殊餐食常见代码为:

(1)BBML:婴儿餐。

(2)CHML:儿童餐。

(3)NSML:无盐餐。

(4)ORML:东方餐。

(5)SFML:海鲜餐。

(6)VGML:素餐。

(7)HNML:印度餐。

(8)KSML:犹太餐。

(9)MOML:穆斯林餐。

(10)DBML:糖尿病人餐。

小链接

中国民用航空局关于重要旅客乘坐民航班机运输服务工作的规定

重要旅客是航空运输保证的重点,认真做好重要旅客的运输服务工作是民航运输部门的一项重要任务。为了做好这项工作,特作如下规定。

第一条　重要旅客的范围

一、省、部级(含副职)以上的负责人。

二、军队在职正军职少将以上的负责人。

三、公使、大使级外交使节。

四、由各部、委以上单位或我驻外使、领馆提出要求按重要旅客接待的客人。

第二条　高度重视重要旅客运输服务工作

一、对重要旅客,值班领导要亲自迎送;对国务委员、副总理以上的重要旅客,各单位主要领导要亲自迎送。

二、航空公司,省局、航站要设立要客服务部门(含兼管部门),并将该部门的职责、电话号码等通知当地党、政、军等有关部门。

三、要客服务部门要选派有经验、表现好、责任心强的人员参加。

第三条 优先保证重要旅客的机票、座位

一、重要旅客定座、购票，应予优先保证。

二、接受重要旅客定座时，应请经办人详细填写《旅客定座单》，了解清楚要客的职务、级别和需要提供的特殊服务。

三、重要旅客需预定联程、回程座位时，接受定座单位应及时向联程、回程站拍发定座电报，并在OSI（其他服务信息）项中注明VIP字样、职务（级别）和特殊服务的要求。

四、联程、回程站接到重要旅客定座电报后，应保证座位并及时拍发答复电报。

五、凡有重要旅客定座、购票的航班，不应随意取消或变更。如有变更，应尽早通知重要旅客的购票单位，并做出妥善安排。

六、重要旅客取消旅行或改变乘机日期、航班时，原接受定座单位或值机部门应及时拍发变更电报，并通知各有关部门。

七、在国务委员、副总理以上重要旅客乘坐的航班上，严禁押送犯人、精神病患者乘坐。售票处和值机部门要严格把关，并通知货运部门，严禁在该航班上装载危险物品。

第四条 做好重要旅客的信息传递

一、重要旅客购票后，售票单位应及时（最迟在航班飞行前一天下午4时前）将重要旅客的姓名、职务、级别、随员人数、乘坐航班、日期、到达站、特殊服务等情况，通知始发站、中途站和到达站及重要旅客乘坐飞机所属公司的要客服务部门（部门代号为VP）。

二、始发站的要客服务部门应在重要旅客乘坐航班飞行前一天编制次日航班的重要旅客名单表，并于航班飞行前一日分别送给管理局、公司、机场或省局、航站、分公司的领导和各有关业务部门。临时收到的要客信息要及时补充通知。

三、始发站的值机部门在航班起飞后，应即拍发要客VIP电报，通知各有关中途站和到达站的要客服务部门，要客服务部门再通知驻机场各有关单位领导和各有关业务部门。要客电报应包括：航班、日期、飞机号码、要客姓名、职务、人数、行李件数和舱位等内容。

四、航班不正常时，始发站商务调度部门，应及时将航班延误情况发电告各有关经停站和到达站要客服务部门，要客服务部门应及时报告有关领导、部门和接待单位。

五、各单位要对有关人员加强保密教育，对保密的重要旅客乘机动态，尽量缩小知密范围。

第五条 优先为重要旅客办理乘机、到达手续

一、值机部门应优先为重要旅客办理乘机、行李交运、联运等手续。在未设头等舱的航班上，应尽可能地将较舒适的座位提供给重要旅客。

二、重要旅客的行李要贴挂“重要旅客（VIP）”标志牌。装卸时，要逐件核对，防止错运、丢失或损坏。始发站和经停站在装卸行李、货物时，要将贴挂“重要旅客（VIP）”标志牌的行李放置在靠近舱门口的位置，以便到达站优先卸机和交付。

三、重要旅客到达目的站后，应先向重要旅客交付交运行李。

第六条 做好重要旅客的地面接待服务工作

一、要客服务部门接到有重要旅客的通知后，应事先准备好贵宾休息室，并备妥供应物品。

二、要客服务部门应派专人协助重要旅客办理乘机手续和提取行李。

三、服务员必须掌握航班信息,及时将航班起飞时间通知重要旅客,并负责引导重要旅客上飞机。

四、航班延误时,应首先安排好重要旅客的休息和食宿。

五、贵宾休息室的服务人员要按规定着装,举止大方,热情有礼貌,主动、周到地做好服务工作。

第七条　做好重要旅客的机上服务工作

一、乘务组应事先掌握重要旅客身份和是否有特殊服务的要求,并根据掌握的情况研究具体服务方案。

二、乘务员要热情引导重要旅客入座并为其保管好衣帽等物品。

三、配餐部门应根据重要旅客特殊服务的要求,配备餐食和供应品,要保证食品新鲜、美味、可口。

四、乘务员要根据每位重要旅客的情况,主动、热情、周到地做好机上服务。

五、乘务员要加强客舱巡视,及时满足重要旅客的服务要求。

六、乘务员应引导重要旅客先下飞机,并热情送行。

第三节 不正常运输旅客

引例　超售!又是超售!

2010年10月22日,旅客一行七人欲乘某次航班由西安前往上海,在咸阳机场办理登机牌时突然被告知因航空公司客票超售,其中一人不能登机,万般无奈,其中一名旅客只能被迫改乘其他航班。旅客投诉后,该公司表示补偿消费者200元,旅客认为补偿金额过低。

机票超售系国际航空界通行的一种销售方式,近年来逐渐被我国各航空运输企业所运用,其目的是为了减少航班中的座位虚耗、减少不必要的资源浪费,为更多旅客提供便利,同时提高航空收益。近年来,由于超售引发的消费者投诉频频上升,引起中国民用航空局的高度重视。中国民用航空局于2007年和2011年先后两次下发通知,对规范客票超售工作提出了具体要求:“一是航空公司办理航班座位超订或超售业务,应当充分考虑航线、航班班次、时间、机型、衔接航班等情况。二是航空公司应制定航班座位超订、超售实施办法,实施办法应包含旅客享有权利、优先登机规则和补偿办法等内容。三是航空公司应将实施办法在公司网站、售票场所及办理乘机手续柜台等处予以公告。四是当出现超售时，航空公司应首先寻找自愿放弃座位的旅客，并与旅客协商给予一定的奖励或补偿。五是航空公司制定的优先登机规则不得带有歧视性。当没有足够的旅客自愿放弃座位时，航空公司可以根据优先登机规则拒绝部分旅客登机。六是航空公司应为被拒绝登机的旅客提供相应的服务并给予一定的补偿。补偿的数额由航空公司自行制定并以适当方式公布。”本案中，承运人没有按照中国民用航空局的要求寻找志愿者，且没有主动给予旅客补偿，其行为是不符合相关规定的。

旅客购票后到最终完成旅行，期间涉及多个环节，任何一个环节发生差错或者不正常，都会造成旅客未能按照客票上所列航程完成旅行，此类旅客称为不正常运输旅客。提高不正常运输旅客的服务质量不仅仅为旅客带来极大的便利，也会减少航空公司在经济上与声誉上的损失，从而提升公司品牌知名度。

一、误机

误机是指旅客未按照客票上列名的日期、时间到达机场搭乘航班；或者指旅客在航班规定起飞前30min（或45min）未能办妥乘机手续或因旅行证件不符合规定未能乘机旅行的旅客。

处理方法：退票，收取不等的误机费；或改签后续航班，一般不收取误机费。

二、漏乘

漏乘是指旅客在航班始发地办妥乘机手续或在经停地过站时，由于某种原因未能搭乘指定的航班。

处理方法：旅客原因漏乘，与误机处理基本相同，如退票，收取不等的费用；或改签后续航班，一般不收取费用；承运人原因造成旅客漏乘，工作人员安排旅客乘坐后续航班尽早到达，如退票，按非自愿办理，不收取退票费。

三、错乘

错乘是指旅客乘坐了不是客票上列名的航班。处理方法：工作人员安排旅客搭乘最早航班飞往客票上的原目的地，票款不补不退；如退票，按非自愿办理，不收取退票费。

四、超售

航班对外销售或预定的座位数超过了航班的实际座位数。超售或超订是为了避免座位虚耗。座位虚耗的原因大致有四类：

(1)旅客购买机票并定好座位，却没有按时前往机场，英文名称为NO-SHOW。

（2）重复定座。旅客可能同时与多家旅行代理联系购票，各家代理都定座，无意中造成重复。

（3）虚假定座。机位紧张时，旅行社为了抢生意，往往捏造旅客姓名和出票资料来占位置。

（4）旅客错过衔接航班。

处理方法：

（1）首先征询自愿搭乘晚一些航班或者自愿取消行程的旅客。

（2）在没有足够自愿者的情况下，优先登机原则如下：

①执行国家紧急公务的旅客。

②经同意并事先做出安排的、有特殊服务需求的老、弱、病、残、孕旅客以及无成人陪伴儿童。

③头等舱和公务舱旅客。

④会员卡旅客。

⑤已经定妥联程航班座位且转机衔接时间较短的旅客。

⑥证明有特殊困难急于成行的旅客（如签证即将到期）。

（3）为未能成行的旅客提供后续服务保障：

①优先安排最早可利用的航班保障旅客尽快成行。

②或按非自愿退票处理，不收取退票费。

③或按非自愿变更航程处理，票款多退少不补。

④如所安排的后续航班为次日航班时，将免费为旅客提供膳宿。

⑤除为旅客提供上述服务保障外，根据旅客所持客票价格水平、航线距离以及改签后续航班等待时间，同时给予一定的补偿。

五、候补旅客

候补旅客是指当日航班定座被取消或没有当日航班定座的旅客。

处理方法：先接收持有当日航班的定座被取消的旅客，再接收持有其他日期航班的没有本航班定座的旅客。

六、不正常航班的服务

（1）由于机务维护、航班调配、商务、机组等原因，在始发站造成航班延误或取消，航空公司提供航班动态信息、安排膳宿等服务。

（2）由于天气、突发事件、空中交通管制、安检以及旅客等原因，在始发站造成航班延误或取消，提供航班动态信息，协助安排膳宿，费用自理。

（3）航班在经停地延误或取消，无论何种原因，承运人均应负责向经停旅客提供膳宿服务。

（4）航班延误或取消时，承运人应迅速及时将航班延误或取消等信息通知旅客，做好解释工作。

小链接

航班延误航空公司都会赔偿吗？

中国航空运输协会发布的《航空运输服务质量不正常航班承运人服务和补偿规范（试行）》的试用范围及标准规定如下（春秋航空除外）。

1.范围

该规范适用于在国内运输过程中的不正常航班旅客服务中信息提供、航班服务，客票的退票、改签及补偿等，在补偿中分为非承运人原因和承运人原因。前者是指天气、突发事件、空中交通管制、安检、旅客或公共安全等原因；后者是指航班计划、机务原因、航班调配、运输服务、机组等原因。

2.标准

飞机延误4 ~ 8h（含8h），航空公司还需向旅客提供价值300元的购票折扣、里程或其他方式的等值补偿，或是人民币200元。延误8h以上则要向旅客提供价值450元的购票折扣、里程或其他方式的等值补偿，或是人民币300元。延误预计在1 ~ 4h以内（含4h）的航班，应及时向旅客提供餐饮。

该规范提出，非承运人原因造成航班不正常，航空公司不承担补偿责任，机场或航空公司协助旅客联系餐饮服务和休息场所，相关费用由旅客自理。不过，也有例外：任何原因造成航班在经停站延误，航空公司应根据需要向经停旅客提供免费的餐饮服务和住宿场所，如航班备降。

航空公司在客票列明的离站时间24h前已通知旅客航班取消，旅客接受变更航班或者选择退票，将无须补偿。如向旅客提供其他航班或其他运输方式，使旅客在原预计到达时间之后4h内到达最终目的站，但旅客放弃该服务，也无须补偿。

该规范称，由于旅客拒绝上、下机造成的航班延误时间，不计入承运人原因造成的累计延误时间。

第四节 旅客航空运输伤害赔偿

引例　发生航空意外事故，旅客可获得多少赔偿？

河南航空有限公司于2010年8月30日公布了2010年“8·24”飞机坠毁事故遇难旅客赔偿标准，每位遇难旅客赔偿总额为96万元（图7-11）。根据介绍，依据2006年中国民用航空总局令第164号《国内航空运输承运人赔偿责任限额规定》,国内民用航空运输旅客伤亡赔偿最高限额为40万元人民币,每名旅客随身携带物品的最高赔偿限额为3000元人民币,旅客托运的行李的最高赔偿限额为2000元人民币,共计40.5万元人民币。

图7-11　伊春空难

同时,考虑到2006年以来全国城镇居民人均可支配收入的累计增长幅度,赔偿限额调增至59.23万元;再加上为遇难旅客亲属做出的生活费补贴和抚慰金等赔偿,航空公司对"8·24"飞机坠毁事故每位遇难旅客的赔偿标准总计为96万元人民币。

一、国内航空运输承运人赔偿责任限额规定

第一条　为了维护国内航空运输各方当事人的合法权益,根据《中华人民共和国民用航空法》(以下简称《民用航空法》)第一百二十八条,制定本规定。

第二条　本规定适用于中华人民共和国国内航空运输中发生的损害赔偿。

第三条　国内航空运输承运人(以下简称承运人)应当在下列规定的赔偿责任限额内按照实际损害承担赔偿责任,但是《民用航空法》另有规定的除外:

(一)对每名旅客的赔偿责任限额为人民币40万元。

(二)对每名旅客随身携带物品的赔偿责任限额为人民币3000元。

(三)对旅客托运的行李和对运输的货物的赔偿责任限额,为每公斤人民币100元。

第四条　本规定第三条所确定的赔偿责任限额的调整,由国务院民用航空主管部门制定,报国务院批准后公布执行。

第五条　旅客自行向保险公司投保航空旅客人身意外保险的,此项保险金额的给付,不免除或者减少承运人应当承担的赔偿责任。

第六条　本规定自2006年3月28日起施行。

二、国际航空运输承运人赔偿责任限额规定

国际民航组织1999年《蒙特利尔公约》目前已对中国生效。当旅客伤亡时，无论承运人是否有责任，只要损失不是索赔人一方或者第三人造成的，承运人的赔偿限额增加到10万特别提款权（按照公约签署当日的货币换算标准，约合13.5万美元）。

本章小结

旅客运送是航空运输中重要的环节，其中包括普通旅客与特殊类型旅客以及不正常情况下的运输服务工作，因此提高各类情况下的旅客运送服务质量对民航工作人员以及航空运输企业来说显得尤为重要。

思考与练习

一、根据下图所示登机牌回答问题

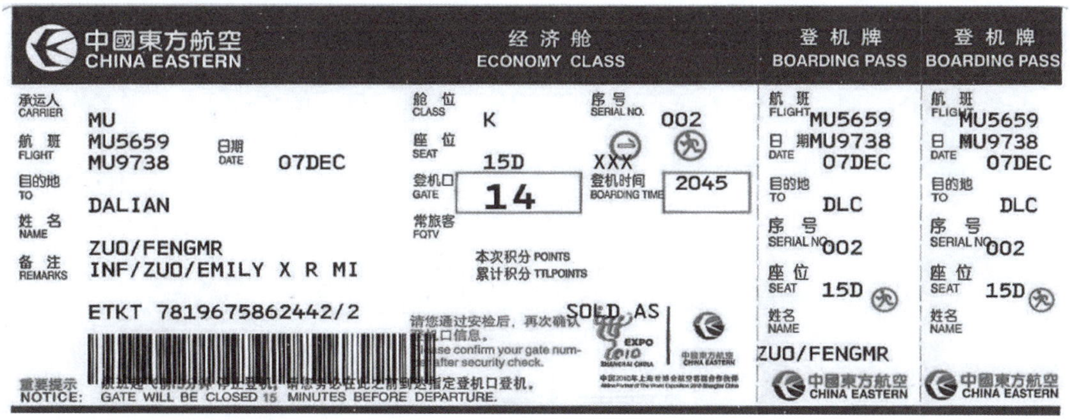

1. 使用该登机牌的旅客姓名是什么？机上座位是什么？

2. 航班号是什么？目的地是哪里？

3. 登机口是什么？登机时间是多少？

4. 何日乘坐飞机？是所乘坐航班第几个办理登机牌？

5. 客票号码是什么？舱位等级是多少？

二、判断与改错题

1. 八岁以下儿童不得单独乘机。

2. 在航班始发站未按规定时间办理乘机手续或因旅行证件不符而未能乘机，这种情况称为漏乘。

3. 孕妇、无成人陪伴儿童、老年旅客均不得安排在紧急出口处。

4. 怀孕36周以上的孕妇需要提供医生出具的适宜乘机证明才可以收运。

5. WCHS是指旅客不能自行上下飞机，也不能在客舱内自己走到自己的座位上去。

三、名词解释

1. VIP

2. 候补旅客

3. 盲人旅客

4. 误机旅客

5. 超售

四、简答题

1. 简述国内旅客几种常见的乘机证件。

2. 简述不正常航班情况下服务的原则。

附录　特殊服务四字代码

1. 特殊餐食

代　　码	英 文 全 称	中 文 名 称
AVML	Asian Vegetarian Meal	亚洲素食
BBML	Baby Meal	婴儿餐食
CHML	Child Meal	儿童餐食
DBML	Diabetic Meal	糖尿病人餐
FPML	Fruit Meal/Platter	水果餐
GFML	Gluten Free Meal	无麸质餐
HFML	High Fiber Meal	高纤维餐
HNML	Hindu Meal	印度餐
KSML	Kosher Meal	犹太餐
LCML	Low Calorie Meal	低热量餐
LFML	Low Cholesterol/Low Fat Meal	低脂肪餐
LSML	Low Sodium Meal	低钠盐餐
MOML	Moslem Meal	穆斯林餐
NLML	Lactose Free Meal	无乳糖餐
NSML	No Salt Meal	无盐餐
ORML	Orient Meal	东方餐食
SFML	Sea Food Meal	海鲜餐
SPML	Special Meal	特殊餐食
VGML	Vegetarian Meal	严格素食
VLML	Lacto Vegetarian	一般素食

2. 特殊旅客

代　　码	英 文 全 称	中 文 名 称
BLND	Blind Passenger/ Visually Impaired	盲人旅客
BSCT	Bassinet	婴儿摇篮
COUR	Courier	商业信使
DEAF	Deaf Passenger/Hearing Impaired	聋哑旅客
DEPA	Accompanied Deportee	有人陪伴的遣返旅客
DEPU	Unaccompanied Deportee	无人陪伴的遣返旅客
DIPL	Diplomatic	外交信使
FQTV	Frequent Traveller	常旅客
INAD	Inadmissible Passenger	不能入境的旅客
GMJC	Ge Ming Jun Can	革命伤残军人

续上表

代　码	英文全称	中文名称
LANG	Speaks Only Language Specified	需语言帮助的旅客
MAAS	Meet And Assist	接送服务
MEDA	Medical Case	病残旅客
SEMN	Seamen	海员
STCR	Stretcher	担架
TWOV	Transit Without Visa	转机免签证
UMNR	Unaccompanied Minor	无成人陪伴儿童
UPGD	Upgrade	升舱
VVIP	Very Important Passenger	重要旅客
WCBD	Battery Operated-Dry Pack	干电池轮椅
WCBW	Battery Operated-Wet/Gell Pack	湿电池轮椅
WCHC	Wheelchair-Immobile Passenger	轮椅旅客（几乎不能动）
WCHR	Wheelchair-Distance/Ramp	轮椅旅客
WCHS	Wheelchair-Cannot Climb Stairs	轮椅旅客（不能上下楼梯）
WCMP	Manually Powered	手动轮椅
WCOB	Wheelchair on Board	机上轮椅

3. 特殊行李

代　码	英文全称	中文名称
AVIH	Live Animal In Hold	放入货舱的宠物
CBBG	Cabin Baggage	客舱行李
DIPB	Diplomatic Baggage	外交行李
FRAG	Fragile Baggage	易碎行李
PETC	Pet In Cabin	放入客舱的宠物
SPEQ	Sports Equipment	运动设施
XBAG	Excess Baggage	超重行李

4. 特殊座位

代　码	英文全称	中文名称
EXIT	Emergency Exit Seat	紧急出口
EXST	Extra Seat	额外占座
GPST	Group Seat	团体座位
NSSA	Non Smoking Aisle Seat	禁烟过道座位
NSST	Non Smoking Seat	禁烟座位
NSSW	Non Smoking Window Seat	禁烟靠窗座位

参考文献

[1] 刘得一.民航概论[M].北京：中国民航出版社，2011.

[2] 白燕.危险品航空运输[M].北京：中国民航出版社，2009.

[3] 竺志奇.民航国内客运销售实务[M].北京：中国民航出版社，2009.